マンガでおさらい

中学英語

だいじなとこだけ

フクチマミ　高橋基治

その背景にある「理屈」や「日本語との違い」に注目しています。

※「アルク英語教育実態レポート Vol.2」（アルク教育総合研究所）より
試験問題に出る単語はすべて意味・用法がわかっていると仮定する

Contents

はじめに 3
そもそもなんで中学英語なの？ 8
登場人物 12

Part 1
カタチがあるのに
「数えられない」のはなぜ？ 13
　　名詞・冠詞のまとめ 33

名詞 冠詞

Part 2
「am＝は」
ではありません 35
　　動詞のまとめ 49

動詞

MOTO'S ROOM 便利な単語 "do"
使いこなせてますか？ 54

Part 3
英語に「未来形」は
存在しない 55
　　時制のまとめ 74

時制

Part 4
「what」と「how」が
わかれば疑問詞マスター 85
　　疑問詞のまとめ 100

疑問詞

Part 5
命令文は
「命令」じゃない！ 105
　　命令文・感嘆文のまとめ 117

命令文 感嘆文

Part 6 「助」動詞なのに目立ってる！ 119

助動詞

　　└─ 助動詞のまとめ　131

MOTO'S ROOM　日本人は実質37日分しか英語を勉強していない！？　135

Part 7 接続詞を使うと英文がレベルアップ！ 137

接続詞

　　└─ 接続詞のまとめ　151

Part 8 イメージをつかめば前置詞は間違わない！ 155

前置詞

　　└─ 前置詞のまとめ　172

Part 9 「文型」は英語の設計図 179

品詞 文型

　　└─ 品詞・文型のまとめ　204

MOTO'S ROOM　モチベーションの上がる英語名言　211

エピローグ　213
あとがき　219
参考文献　222

ブックデザイン　小口翔平＋西垂水敦（tobufune）

登 場 人 物

高橋先生

大学教授。英語教育のスペシャリスト。
実はおちゃめでロマンチスト。

フクチマミ

マンガイラストレーター。英語が超苦手！
英語アレルギーな35歳。

Part 1

カタチがあるのに「数えられない」のはなぜ？

[名詞・冠詞]

えっと それが何かマズいんですか？

英語を学ぶって日本語を英語に変えられるようにする勉強でしょ？

いや 英語を学ぶことは

日本語メガネを英語メガネにかけ替えることなんだ

ん？どういうことですか？

っていうかそのメガネ何!?

そもそも日本語と英語それぞれの言葉を育んできた歴史や文化は異なるよね

だから 当然 ものの考え方やルールや感覚も違ってくるんだ

すると 同じものを見ても それぞれで見え方が違ってくる

数えられない　これ数えられる

17

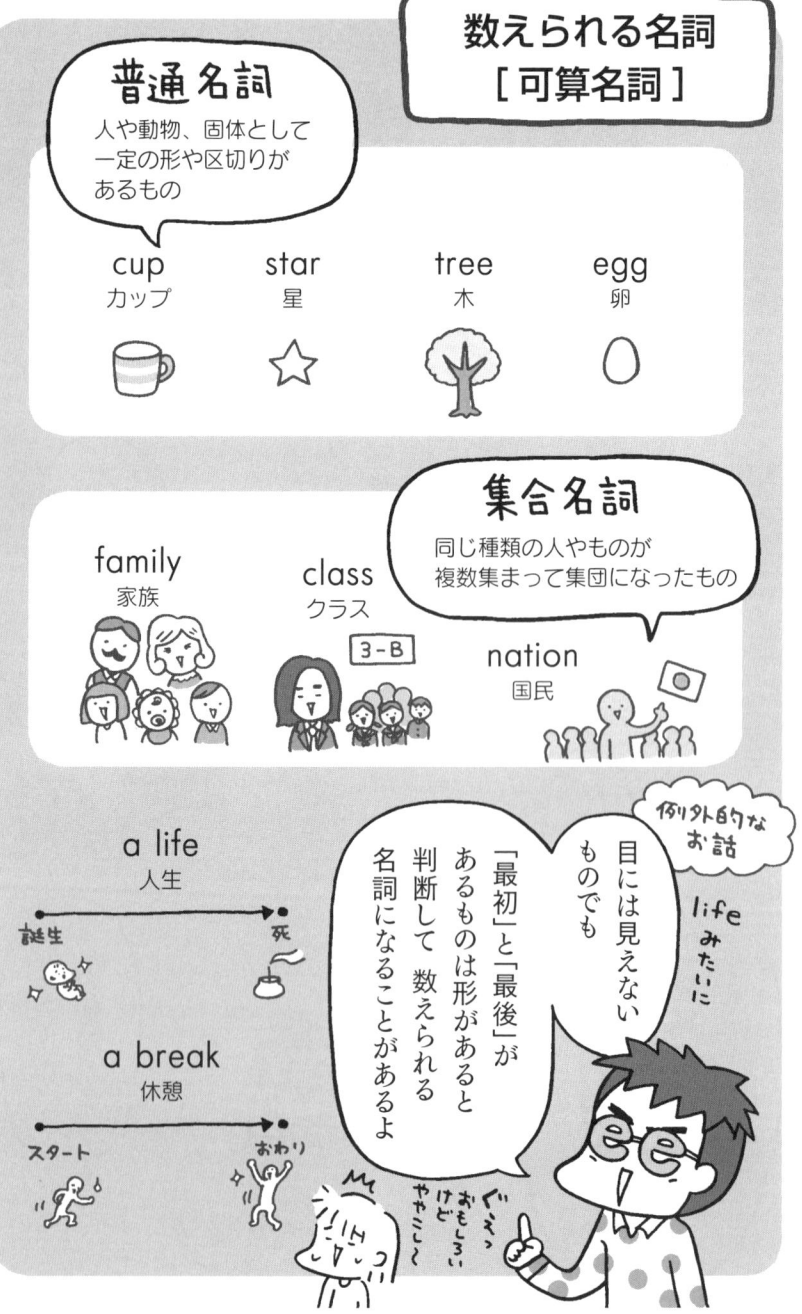

数えられない名詞 [不可算名詞]

物質名詞
気体や液体・固体で決まった形がないもの

- water 水
- bread パン
- paper 紙
- meat 肉
- iron 鉄
- sugar 砂糖
- cheese チーズ

この絵何ですか？
それは次のページで

固有名詞
人名や地名などを表す語
大文字で始める

- December 12月
- Sunday 日曜日
- Tokyo 東京
- Japan 日本

抽象名詞
決まった形がなく見たりさわったりできないもの

- beauty 美
- love 愛
- kindness 親切

※複数形の作り方の詳細は34ページに

パイナップルどこにもない〜
果物売場で
No pineapples!
酢豚にはパイナップル欲しい派
ブー
No pineapple.
へえ〜
aとsの有無でこんなニュアンスの違いがあるなんて
ホントちょっと面白い
そうだ
逆に数えられない名詞にaやsがつくこともあるんだよ
たたみ
たたみ
なにそれっ
ブッ
experience
(経験・体験)
例えばこれは数えられない名詞だけど
どういう「経験」なのか話し手が具体的にわかっている場合は
あのときのあの経験
本日定休日
ガーン
くっ…
と言ってOK
an experience
many experiences
ラーメン食べたかった〜っ

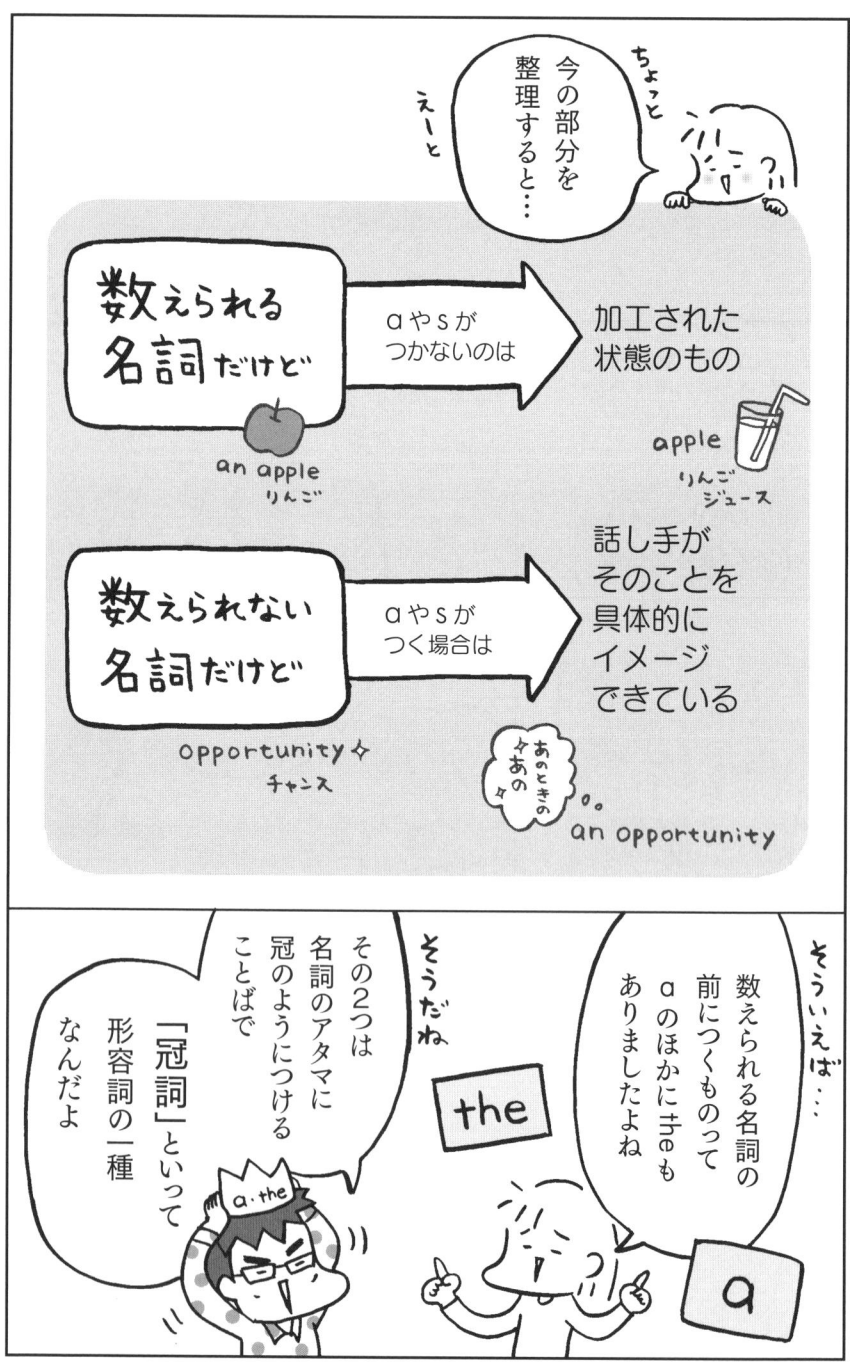

名詞・冠詞のまとめ

可算名詞と不可算名詞

数えられる名詞（可算名詞）

- **普通名詞**……人や動物、個体として一定の形や区切りがあるもの
cup, star, tree, egg, student(学生), tiger(トラ), day(日) など
☑ day に形はありませんが、単位・回数で数えることができるので普通名詞扱いになります。

- **集合名詞**……同じ種類の人やものが複数集まって集団になったもの
family, class, audience(聴衆), company(会社), generation(世代), team(チーム) など

数えられない名詞（不可算名詞）

- **物質名詞**……気体や液体・固体で決まった形がないもの
water, bread, paper, meat, iron, sugar, chalk, rain(雨), snow(雪) など

- **固有名詞**……人名や地名などを表す語、大文字で始める
Tokyo, December, Sunday, Mt. Fuji(富士山), Brown(ブラウン：人物の姓) など

- **抽象名詞**……決まった形がなく、見たりさわったりできないもの
beauty, information, money, health(健康), science(科学), baseball(野球) など

複数形の作り方

①そのままsをつける　book(本)　→books
②esをつける　tomato(トマト)　→tomatoes
③yをiに変えてesをつける　lady(女性)　→ladies

[例外]man(男性)　→men　foot(足)　→feet　tooth(歯)　→teeth
　　　　Japanese(日本人)　→Japanese　sheep(ヒツジ)　→sheep　など

I have three caps．　キャップを3つ持っています。
I saw two foxes in the forest．　森でキツネを2匹見ました。
We are Japanese．　私たちは日本人です。

冠詞a(an)とtheの区別

- a(an)……たくさんの中のどれか1つ（どれでもよい）を指す。
- the……一般常識や、みんなが連想できるものを指す。また、この世に1つしかないものや「コレ」とわかりきっているものを指すときにも使う。

I ate a tomato．　私はトマトを1つ食べました。
☑どのトマトかは特定せず、「世の中にたくさんあるトマトのうちの1つを食べた」ことを伝えています。

I ate the tomato．　私はそのトマトを食べました。
☑「冷蔵庫にあったトマト」「今朝庭でもいだトマト」など、聞き手も知っている「ある特定の」トマトを指しています。

I eat tomatoes．　私はトマトを食べます。
☑トマト全般を指すときには、冠詞はつかず複数形になります。

Part 2

「am＝は」
ではありません

[動 詞]

一般動詞とは

（例えば）
- run　走る
- eat　食べる
- want　望む
- believe　信じる
- know　知っている

など…

行動や状態を表す動詞だよ

be動詞とは

am・is・are

A ＝ B

このAとBをイコールにする役割がある

現在形ではam・is・areのことでA＝Bのイコールの役割をするよ

（例えば）
I am a student.
私 ＝ 学生

過去形ではwas・were

I am draw a picture.
主語 動詞 動詞 目的語

これはNG!!

ここ大切なんだけど英語の決まりとして一般動詞の原形とbe動詞を並べて出しちゃうのはNG!!

でも私 この間違い よくしちゃいます
I am draw a picture.
主語 動詞 動詞 目的語
私は絵を描きます
というか なんでダメなのか 実はよく わからない…
文型の 決まりとは言え
んー…
もしかして フクチさんは 「am」を 日本語でいう てにをは(助詞)の 「は」だと思って ないかな?
I am
私 は
みたいな感じで
えっ
違うん ですか!?
be動詞は 「てにをは」 ではないんだよ
特別な 記号のような ものなんだ

でっ…でも
「私は絵を描きます」という日本語では
私イコール絵を描く
この「は」はイコールの働きをしてますよね？
私 ＝ 絵を描きます
イコール
am
は
うん確かに
日本語の「は」とbe動詞は似た働きをしている
だけど…
ちゃっ
だ…
だけど？
ゴクリ…
be動詞に対応する日本語はない!!
be動詞の役割はただ前後をつなぐことだけなんだ!!
ええっ
ガーン

こ…こんなところにも英語との感覚の違いが…
対応する日本語がないなんて
ちょうど役割が日本語の「てにをは」と同じだから混乱するよね～
これすごくたくさんの人がつまずいてるポイントなんだ
＜be動詞理解のポイント＞
be動詞は「てにをは」ではない
前後をつなぐ役割をする
ううむ
この2つ肝に銘じておきまする…
はは～っ
さて次は一般動詞の話だけど
一般動詞といえば3単現のs
主語が
3人称の単数で現在形の文
このときは動詞に「S」がつく

あ〜それ苦手!!
だって一般動詞が登場するたび…
えーと
主語は3人称…ね
単数よね
もた
現在形…だな
もた
じゃあここはSつける!!
もた もた
もた
いちいち確認しなきゃいけないのが面倒くさい!!
それに
「3人称」がいつもパッとわからなくって…
うーん慣れもあるけど…
まずは
「3人称単数」をイメージでとらえやすくしてみようか
表にするとこの部分だね
など…ってわかりにくいっす
数 人称
単数
複数
1人称
I (自分)
we
2人称
you (話し相手)
you
3人称
he/she/it など
they
ココ!!

私（I）と話し相手（you）以外の単数の人と物はすべて3人称単数!!
3人称単数
雨など数えられない名詞も3人称単数
複数なので ✕
3人称単数
話し相手 you 2人称
私 I 1人称
3人称単数
あっ
このイメージはわかりやすい
あとは現在形かどうかだけ考えればいいのか
あとは「isのつく主語のとき」って覚え方もあるね
is
でもなんで3単現のsってあるんでしょうねー
ああ それは英語の歴史が関係していてね…
ややこしや〜
はぁ〜
実はねむかしむかしの古英語の時代…1単現2単現も3単現のような屈折語尾を持っていてね …それが…
長くなりそうなのでいいです!!
しかも難しい
蘊蓄

be動詞の否定文 ✗

では次に be動詞と一般動詞それぞれの否定文と疑問文の作り方を見ていこう

ハーイ

肯定文の be 動詞のうしろに not をつける

[肯定文] I <u>am</u> Japanese.
　　　　私は日本人です

[否定文] I <u>am</u> ~~not~~ Japanese.
　　　　私は日本人ではありません

作り方はカンタン

最初に not をつけるんじゃダメなんですかね～
そしたらラクなのに～

Not I am Japanese.
みたいに

あはは

否定文はね not のうしろの内容を否定するものだから…

43

○ I am not Japanese.
（ここを否定）

notが頭にくると直後のI（私）ごと否定することになって意味不明の文になってしまうんだ

✗ Not I am Japanese.
（私でないなら誰の話？）
ナゾの文になってしまう

なるほど

✗ 一般動詞の否定文

肯定文の動詞の前に do not（don't）をつける

[肯定文] I eat tomatoes.
私はトマトを食べます

[否定文] I do not eat tomatoes.
　　　　　　(don't)
私はトマトを食べません

「食べない」と言いたいときは
⇩
食べる "eat" を否定する ✗
ワケだから
⇩
eatの前に do not（don't）をつける

be動詞のときと同じで notはあとに続く内容を否定するよ

44

あの〜
前から気になってたんですが…このdoって何なんでしょう?
(don't)
do not
なんか
突然出てきましたよね
何者?
?
いや…実はそれ突然じゃないんだ
doには動詞のdoと助動詞のdoがあってね
動詞のdoは「〜する」という意味
動詞
do
助動詞
do
doって助動詞もあったんですか
えっ
そう
これも助動詞でいつもは隠れているんだ…
I do eat tomatoes.
見えないけれど実はいる!!
なんか妖怪みたいですね!!

その隠れた do は否定文や疑問文なんかの…

「強調」したい気持ちが加わると姿を現すんだ

伝えたい強い思いがあると出てくるんですね

なるほどニャー

うらめしニャー

ジャーン do

ちなみに動詞に3単現のSがついている場合は

肯 She (do) eats tomatoes.
彼女はトマトを食べます

見えないけどいるよ…

She does eats tomatoes.

doにSがついてdoesになる

do(does)が現れるとSがなくなって原形になる

否 She does not eat tomatoes.
(doesn't)
彼女はトマトを食べません

go が goes になるのと同じ変化のしかたですね

do → does になる

動詞は原形になる

be動詞の疑問文

肯定文の主語とbe動詞を入れ替えて最後に？（クエスチョンマーク）をつける

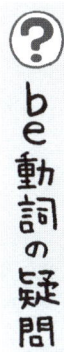

[肯定文] You are a ghost.
あなたはオバケです

[疑問文] Are you a ghost?
あなたはオバケですか？

> 疑問文もそうだけど気持ちの高ぶり感情の起伏や動揺を語順を入れ替えることで表現しているんだ

> 日本語でも動揺すると語順がおかしくなったりしますもんね

誰アナタは
オバケ？もしや

一般動詞の疑問文

肯定文の頭にDo、最後に？をつける

[肯定文] You (do) swim in the sea.
（見えないけどdoがいる）
あなたは海で泳ぎます

[疑問文] Do you swim in the sea?
あなたは海で泳ぎますか？

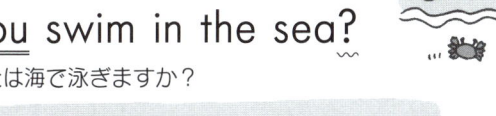

動詞に3単現のsがついている場合は
否定文のときと同じで〈does＋動詞の原形〉

あっ そうだ!!
最初にも言ってたんですが
そもそもbe動詞ってなんで「動詞」なんですか?
行動や状態を表してる感じはしないのに…
そう そう
面白いところに注目したね
beには昔「いる・ある・なる」という存在や状態を表す「意味」が強くあったんだ
昔の be ⇨ いる・ある・なる
(存在と状態を表す意味)
これってつまり
動詞
へ〜〜っ
そんな動詞らしい意味を持ってたんですね!!
ただ現在はその「意味」が弱まって
主語とうしろの文をつなぐ「役割」がメインで残ったんだね
だからか〜
be動詞にも歴史ありですね〜
しみじみ…

動詞のまとめ

動詞の種類

- **一般動詞**……行動や状態を表す

run, eat, take(取る), study(勉強する), want, believe, understand(理解する)など

- **be動詞**……A＝Bの関係を表す

am, is, are（現在形の形。原形はbe）

☑ 一般動詞の原形とbe動詞を並べて使うことはできません。
×）I am draw pictures.
○）I draw pictures. 私は絵を描きます。

人称とは？

- **1人称**……自分、自分たち
- **2人称**……話し相手、話し相手たち
- **3人称**……1人称・2人称以外のすべての人・もの

	単数	複数
1人称の主語	I	we
2人称の主語	you	you
3人称の主語	he / she / it など	they

> 主語が3人称・単数・現在形のとき、動詞にsがつくことを3人称単数現在（3単現）と呼ぶよ

be 動詞の文

肯定文「…は〜です」〈主語＋be動詞 〜.〉
I am Taro.　僕はタロウです。
You are tall.　あなたは背が高いですね。
She is hungry.　彼女はお腹がすいています。
Ken is an engineer.　ケンは技術者です。

否定文「…は〜ではありません」〈主語＋be動詞＋not 〜.〉
I'm not Taro.　僕はタロウではありません。
You aren't tall.　あなたは背が高くありません。
She isn't hungry.　彼女はお腹がすいていません。
Ken isn't an engineer.　ケンは技術者ではありません。
☑肯定文のbe動詞のうしろにnotをつけます。

疑問文「…は〜ですか？」〈be動詞＋主語 〜？〉

Are you tall?　あなたは背が高いですか？
　Yes, I am.／No, I'm not.
　はい、高いです。／いいえ、高くありません。

Is she hungry?　彼女はお腹がすいていますか？
　Yes, she is.／No, she isn't.
　はい、すいています。／いいえ、すいていません。

Is Ken an engineer?　ケンは技術者ですか？
　Yes, he is.／No, he isn't.
　はい、そうです。／いいえ、違います。

☑肯定文の主語と動詞を入れ替えて、文末に？をつけます。
☑英語は同じ言葉の繰り返しを好まないので、Is Ken an engineer? と聞かれたら、答えるときは Yes, Ken is. ではなく、Yes, he is. と主語を代名詞に置き換えて答えるのが普通です。

一般動詞の文

肯定文「…は～します」〈主語＋動詞 ～.〉
I have two daughters.　私には2人の娘がいます。
You play soccer.　あなたはサッカーをします。
He believes in ghosts.　彼はオバケを信じています。
Lisa knows Yuki.　リサはユキを知っています。

否定文「…は～しません」〈主語＋do not/does not＋動詞の原形 ～.〉
I don't have two daughters.　私には2人の娘はいません。
You don't play soccer.　あなたはサッカーをしません。
He doesn't believe in ghosts.　彼はオバケを信じていません。
Lisa doesn't know Yuki.　リサはユキを知りません。

☑肯定文の一般動詞の前にdo not/does notをつけます。通常、省略形のdon't/doesn'tが使われます。

疑問文「…は〜しますか？」〈Do/Does ＋主語＋動詞の原形 〜？〉

Do you play soccer?　あなたはサッカーをしますか？
　Yes, I do.／No, I don't.
　はい、します。／いいえ、しません。

Does he believe in ghosts?　彼はオバケを信じていますか？
　Yes, he does.／No, he doesn't.
　はい、信じています。／いいえ、信じていません。

Does Lisa know Yuki?　リサはユキを知っていますか？
　Yes, she does.／No, she doesn't.
　はい、知っています。／いいえ、知りません。

☑ 肯定文の最初に Do/Does、文末に？をつけます。
☑ 英語は同じ言葉の繰り返しを好まないので、Does Lisa know Yuki? と聞かれたら、Yes, Lisa knows Yuki. ではなく、Lisa→she、knows→does に置き換えて Yes, she does. と答えるのが普通です。

便利な単語 "do" 使いこなせてますか？

　do は行為を表す動詞の親玉的存在で、意味自体があいまいなため、場面や状況によってさまざまな行為動詞の代理を務めることができます。例えば、do lunch なら「昼食をとる」（＝ have lunch）、do the dishes なら「お皿を洗う」（＝ wash the dishes）。では、I did San Francisco in a week. はどういう意味になるでしょう？　これは I did the sights of San Francisco. の the sights of「～の名所」が省略された形で「サンフランシスコの名所を1週間で見て回った（観光をした）」（＝ see the sights of ～）という意味になります。意外でしょ。このように do は、実に使い勝手がいい動詞です。

　また、do some ～ing「ちょっと～する」「少しだけ～する」という形は日常会話でも頻繁に登場します。some を加えることで「ちょっと、少し」のニュアンスが出せます。次に例を挙げてみます。

　do some cleaning（ちょっと掃除する）, do some shopping（ちょっと買い物する）, do some reading（ちょっと読書する）, do some thinking（ちょっと考える）, do some walking（ちょっと散歩する）, do some swimming（ひと泳ぎする）, do some talking（ちょっとしゃべる）, do some drinking（ちょっと飲む）, do some dancing（ちょっと踊る）, do some partying（ちょっとパーティーをする）, do some chatting（ちょっとおしゃべりする）, do some betting（ちょっと賭けごとをする）などなど、かなりのことが言えます。

　some を a little「ほんのちょっとだけ」や a lot of「たくさん」に変えればさらに応用範囲が広がります。とにかく便利な do。ぜひ覚えて使いこなしてみてください。

Part
3

英語に「未来形」は
存在しない

[時 制]

時制

時制とは 動詞を変化させて ある動作や状態が 「いつの話なのか」を表すことで
現在形と 過去形が あるよ
先生っ
あと
未来形と 現在進行形 過去進行形も そうですよね!!
覚えてました
ドヤッ
未来形
現在進行形
過去進行形
んー それがちょっと 違ってね…
え?
進行形は時制ではなく 「相(そう)」といって その動作や状態が 終わっているのか 続いているのかを 表す概念なんだ
いつの話?
終わってる? 続いてる?
時制
現在形
過去形
相
現在進行形
過去進行形

ついでに言うと「未来形」というものは…
ない
えっ!?
でも確か未来を表す言葉が…
ありましたよね?
そう willとか!!
willは「現在」の話し手が未来のことを予想するときの形で
will
未来はこうだろう
予想
現在
動詞そのものが変化して未来を表しているワケではないから時制じゃないんだ
willは助動詞

そっか
動詞の未来形の変化ってないですもんねえ
現在形 go
過去形 went
未来形? ???
しかし
「相」って初めて聞きました～
習ったっけな～
中学では習わないけど
時制の感覚を理解するために知っていて損はないよ
でも中学ではそこまで厳密にやらずに時制と相をまとめて教えることが多いね
ここでも時制と相を一緒に学んでいこう
時制として
現在形
過去形
現在進行形
過去進行形
ホントは相だけど…

現在進行形

それではまず現在進行形の基本から…

意味 （今）〜している

am[is, are]＋動詞のing形

You are playing soccer.
あなたは（今）サッカーをしています

現在進行形の否定文 ✗

肯定文のam[is, are]のうしろにnotをつける

肯定文 You are playing soccer.
あなたは（今）サッカーをしています

否定文 You are not playing soccer.
(aren't)
あなたは（今）サッカーをしていません

現在進行形の疑問文 ？

肯定文の主語とam[is, are]を入れ替えて最後に？

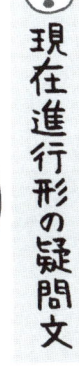

肯定文 You are playing soccer.
あなたは（今）サッカーをしています

疑問文 Are you playing soccer?
あなたは（今）サッカーをしていますか？

…
先生
実は私
現在形と
現在進行形
どちらを使えば
いいのかわからなく
なることがけっこう
ありました
…
ほぅ
たとえば
私が野球部に
入っているとして
「私は野球を
やっています」
と言い
たいとき
私は野球をやっています
① I play baseball.
なのか
② I am playing baseball.
なのか…
どっちなのか
わからなく
なっちゃうんです
あれれ〜

① I play baseball. が正解だね

それは

えー

でも先生「〜している」って進行形なんじゃないですか？

もう1つ例を挙げるとこういうコトなんですが

「私は毎日牛乳を飲んでいます」は

「〜している」なので

I am drinking milk every day.
現在進行形
にしたくなっちゃう

でも正解は I drink milk every day.

フム…

そこで迷ってしまう人ってけっこういるんだよね

フクチさんだけでなく

でもそれは日本語の言葉じりにとらわれすぎているからなんだ

現在形か現在進行形かは伝えたい「内容」で見極める!!日本語から考えるのではなく

そしてその見極めに必要なのはそれぞれの「イメージ」なんだ

〈現在形のイメージ〉 今(現在)も含めいつも繰り返しやっていること

過去 — 現在 習慣 → 未来

きっとこの先もやるよ

〈現在進行形のイメージ〉 今現在目の前で起こっていること

行動・状態の 始まり — 現在 — 終わり

おおっ
違いがイメージできました
このイメージから考えると
現在形は「習慣形」とでも呼んだほうがしっくりくるのかもね
さっきの牛乳の文もいつも(習慣的に)飲んでいることを伝えたいわけだから
私は毎日牛乳を飲んでいる
現在形の文だ!!とパッとわかるようになりました
もう日本語訳の言葉じりにひっぱられない!!
ではオマケで現在形と現在進行形の違いがわかる例文を1つ
私はいつもご飯を食べていますが今日はパンを食べています
いつも
過去
現在
未来
今日
食べ始め
現在
食べ終わり
えーとだから…

（現在形）
I usually eat rice,
but today I am eating bread.
（現在進行形）

\OK!/ えーとこう…かな!!

では さっきは混乱するかと思って説明しなかったけど 現在進行形が持つイメージは3種類あるんだ

〈現在進行形のイメージ〉
❶ 目の前で　（さっき教わったのがコレ）
❷ 一時期
❸ やっているところ・未完了

まずこの例文を読んでみてどう思う？

I am living in Yokohama.
私は横浜に住んでいます

うーん live（住む）が進行形なのがちょっとフシギです

だって「住む」のが今現在目の前で起こっている、って…ありえなくないですか

64

そう
これは②の「一時期」というイメージなんだ
横浜には一時期だけ住んでいる…つまり
将来引っ越しするかもというニュアンスがあるんだ
ちなみに現在形のliveだと定住してるイメージ
終わり
現在
今は横浜だけど
始め
次のこの例文は？
The train is stopping.
んん？
Stop
=
止まる
一度止まったらその動作は終わりなのに…
？？
なんで進行形になるの？
これはね
③の「やっているところ・未完了」というイメージで
キキキキ
The train is stopping.
電車が止まりかけています
電車が止まろうと速度を落としている状態を表しているんだ

注意したいのは進行形にできない動詞があるんだよ
ええっ そーゆーのややこしいっ
進行形にできない動詞には共通点があってね
これを知れば見わけられる
「非活動的」な動詞なんだ
動きがないってコトだね
はあ？
動詞なのに非活動的!?
状態や知覚・感情を表す動詞がこれにあたるよ
動きはないけど状態を表すので動詞
例えば こんな意味の動詞
進行形にならない動詞
feel 感じる
smell においを感じる
love 愛する・好む
see 見る
taste 味わう
want 欲する
know 知る
think 思い浮かぶ

なるほど
非活動的というのは
無意識に入ってくる知覚情報だったり
自分の内側からわき起こる感情を表すんですね
そう 制御不能な感じでね
ん？
あれっ
でも…
さっきの動詞は進行形もありますよね
smelling
thinking
loving
ちなみに「気持ち」feelingや「試食」tastingは名詞です
うん確かに!!
その場合同じ単語でも活動的な意味で使われているんだ
smellなら…
非活動的 smell
においを感じる
ではなく
活動的 smelling
においを嗅ぐ!!
くん くん

thinkなら…
非活動的
think
思い浮かぶ
ではなく
活動的
thinking
考える
ホントだ
同じ単語だけど意味が違う!!
そこをハッキリさせるためにに進行形になるのかな
そういえば
ハンバーガーチェーンのCMで…
I'm lovin' it!
(lovingの省略形)
っていうキャッチフレーズがありますよね
活動的なlove
食べるたびに「好き❤」という気持ちがわく感じを出したくてlovingが使われているんだね
まあ
難しく考えずに
動きやライブ感を表すときに進行形が使えると覚えておいて
とにかく英語に触れて
あとは慣れだね!!
やっぱそうか

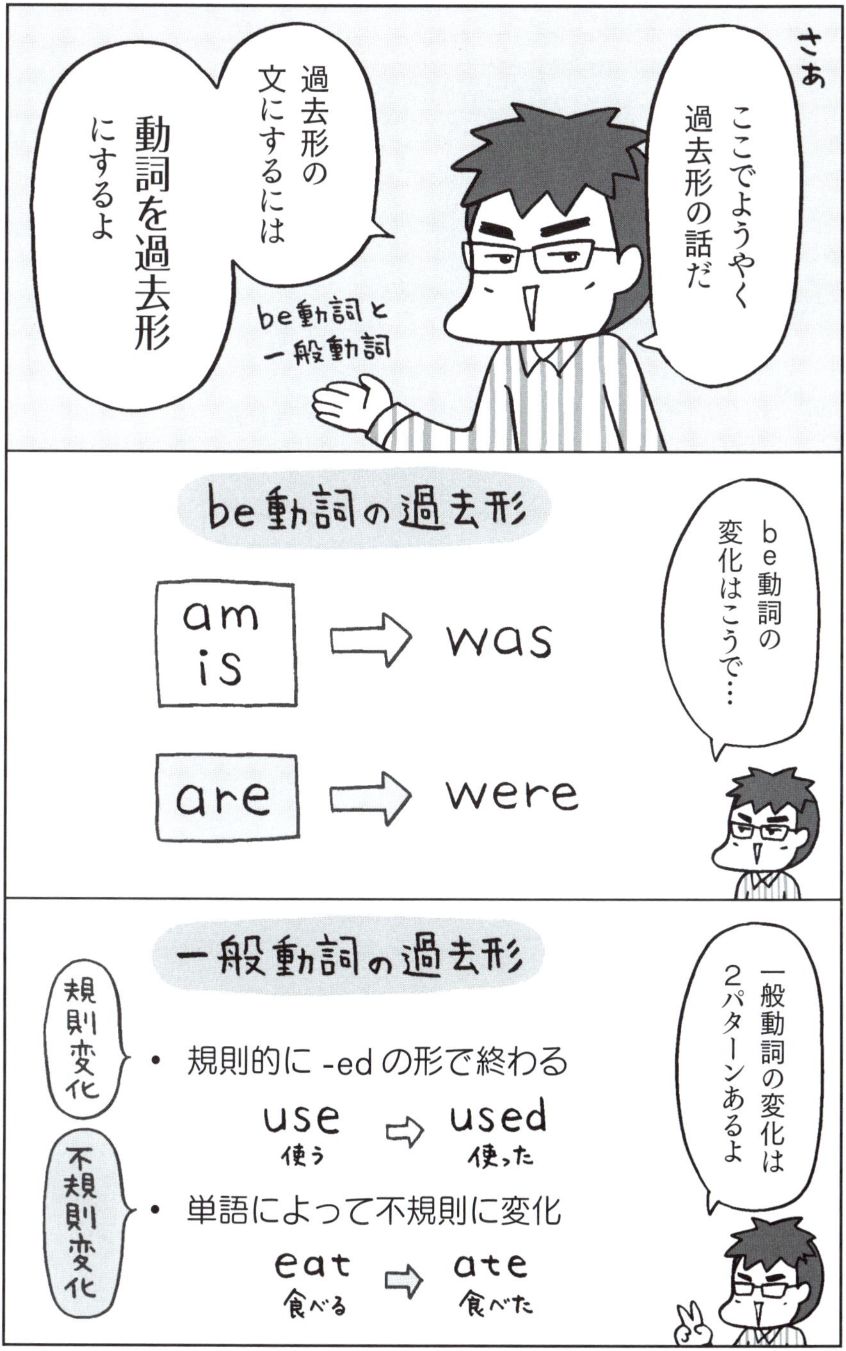

be動詞の過去形

さあ ここでようやく過去形の話だ

過去形の文にするには動詞を過去形にするよ
be動詞と一般動詞

be動詞の変化はこうで…

am / is ⇒ was

are ⇒ were

一般動詞の過去形

一般動詞の変化は2パターンあるよ

規則変化
・規則的に -ed の形で終わる
use（使う） ⇒ used（使った）

不規則変化
・単語によって不規則に変化
eat（食べる） ⇒ ate（食べた）

あ〜この不規則動詞!! 呪文のように唱えて暗記した記憶が…

過去分詞もひっくるめて

現在 go　過去 went
過去分詞 gone

この不規則動詞の中で押さえておきたいものって せいぜい50個※くらいなんだ

だから えいっ!!…と覚えてしまったほうが便利だよ

be動詞の過去形の否定文 ✗

肯定文のbe動詞のうしろにnotをつける

肯定文： You <u>were</u> a police officer.
あなたは警察官でした

否定文： You <u>were not</u> a police officer.
あなたは警察官ではありませんでした

be動詞の過去形の疑問文 ❓

肯定文の主語とbe動詞を入れ替え、最後に？をつける

肯定文： <u>You were</u> a police officer.
あなたは警察官でした

疑問文： <u>Were you</u> a police officer?
あなたは警察官だったのですか？

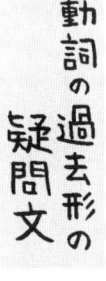

※80〜82ページに一覧があります

一般動詞の過去形の否定文 ❌

doの過去形 did

肯定文の動詞を原形にして、前に did not をつける

肯定文
He used this pen.
彼はこのペンを使いました

否定文
He did not use this pen.
(didn't)
彼はこのペンを使いませんでした

一般動詞の過去形の疑問文 ❓

肯定文の頭に Did、動詞は原形、最後に？をつける

肯定文
He used this pen.
彼はこのペンを使いました

疑問文
Did he use this pen?
彼はこのペンを使いましたか？

ちなみに **did**

doの過去形 didは…主語が何であっても didだよ

IでもYouでも SheでもKenでも

変化がないのはありがたいです〜

あとね
過去形に関して押さえておきたい感覚があるんだ
ちゃっ
過去形にもあるんですか?
英語感覚が
うん
過去の話をするときに
話の焦点が単に「過去」にある場合と
骨折した
話の焦点はココ
現在
「過去こうだったから現在こうだ」という
過去の話をしつつも話の焦点が「現在」にある場合があるよね
骨折した
だから今走れない
過去の話をしつつも…
話の焦点はココ
現在
ええよくありますよね

それを英語では「過去形」と「現在完了形」とで分けているんだ
現在完了は中3の範囲だけど
話の焦点の場所で形が変わるんですか!?
現在完了
I have broken my leg.
私は脚を骨折しました
過去形
I broke my leg.
私は脚を骨折しました
日本語ならどう伝えたいにせよまずは「骨折した」ですよね
そこをわざわざ分けるのかう――ん?
感覚的にスッと入らない
そこを分ける感覚が日本語にはないからね
だからいざ現在完了を習うと混乱する
英語は「時」に対してこういう感覚なんだと知っておくと
これから先も理解が早いよ
そうですよねー教科書にはこういうこと書いてませんでしたもん

時制のまとめ

現在形の文「…は〜です／します」

現在形……今も含め、いつも繰り返しやっていること
Chris plays the piano. クリスはピアノを弾きます。

現在進行形の文

現在進行形……今現在、目の前で起こっていること。動作の最中
肯定文「…は(今)〜しています」〈主語＋am[is, are]＋動詞のing形 〜.〉
Chris is playing the piano. クリスはピアノを弾いています。

否定文「…は(今)〜していません」
〈主語＋am[is, are]＋not＋動詞のing形 〜.〉
Chris isn't playing the piano. クリスはピアノを弾いていません。
☑肯定文のam[is, are]のあとにnotをつけます。

疑問文「…は(今)〜していますか？」
〈Am[Is, Are]＋主語＋動詞のing形 〜？〉
Is Chris playing the piano? クリスはピアノを弾いていますか？
　Yes, he is.／No, he isn't.
　　はい、弾いています。／いいえ、弾いていません。
☑肯定文の主語とam[is, are]を入れ替えて文末に？をつけます。

whatの疑問文「…は何を〜していますか？」
〈What＋am[is, are]＋主語＋動詞のing形 〜？〉
What is Chris doing? クリスは何をしていますか？
　He is playing the piano. ピアノを弾いています。
☑文の最初にWhatをつけて、そのあとは疑問文の語順にします。

動詞のing形の作り方

①そのままingをつける　play(遊ぶ) →playing
②最後のeをとってingをつける　use(使う) →using
③最後の文字を重ねてingをつける（語尾が母音＋子音で終わる場合）
　run(走る) →running

現在進行形のイメージ

①目の前で
I am playing volleyball.　私はバレーボールをしています。

②一時期
I am living in Osaka.　私は大阪に住んでいます。
☑いつか別の場所に引っ越すだろう、というニュアンスが含まれます。

③やっているところ・未完了
The bus is stopping.　バスが止まりかけています。
☑止まろうとしている最中、というニュアンスです。

進行形にできない動詞

非活動的な動詞（状態や知覚、感情を表す動詞）は進行形にならない。
feel, smell, love, see, taste, want, know, think, prefer(〜のほうを好む), remain(〜のままである), resemble(似ている) など

ただし、活動的な意味で使われて進行形になるものもある。
　[例]smell……非活動的　においを感じる
　　　　　　　活動的　　においを嗅ぐ
　　　think……非活動的　思い浮かぶ
　　　　　　　活動的　　考える

be 動詞の過去形の文

肯定文「…は〜でした」〈主語＋ was/were 〜.〉
I was a college student.
私は大学生でした。
You were shocked at that time.
そのとき、あなたはショックを受けていました。
It was cloudy yesterday.
昨日は曇りでした。
☑ be 動詞を was（主語が単数のとき）、were（主語が複数のとき）にします。

否定文「…は〜ではありませんでした」〈主語＋ was not/were not 〜.〉
I wasn't a college student.
私は大学生ではありませんでした。
You weren't shocked at that time.
そのとき、あなたはショックを受けていませんでした。
It wasn't cloudy yesterday.
昨日は曇りではありませんでした。
☑ 肯定文の be 動詞のあとに not をつけます。通常、省略形の wasn't/weren't が使われます。

疑問文「…は〜でしたか？」〈Was/Were ＋主語 〜？〉
Were you shocked at that time?
あなたはそのときショックを受けていましたか？
　　Yes, I was. ／ No, I wasn't.
　　はい、受けていました。／いいえ、受けていませんでした。

Was it cloudy yesterday?
昨日は曇りでしたか？
　　Yes, it was. ／ No, it wasn't.
　　はい、曇りでした。／いいえ、曇りではありませんでした。

☑ 肯定文の主語とbe動詞を入れ替えて文末に？をつけます。

whatの疑問文「…は何でしたか？」〈What was /were 〜？〉
What was that?
あれは何だったの？
　　I don't know either.
　　私にもわかりません。

☑ 文の最初にWhatをつけて、そのあとは疑問文の語順にします。

一般動詞の過去形の文

肯定文「…は〜しました」〈主語＋動詞の過去形 〜.〉
I played tennis two days ago.
私は2日前にテニスをしました。
You ate curry and rice yesterday.
あなたは昨日カレーライスを食べました。
Sakura went to Nagoya last year.
サクラは去年名古屋へ行きました。

否定文「…は〜しませんでした」〈主語＋did not＋動詞の原形 〜.〉
I didn't play tennis two days ago.
私は2日前テニスをしませんでした。
You didn't eat curry and rice yesterday.
あなたは昨日カレーライスを食べませんでした。
Sakura didn't go to Nagoya last year.
サクラは去年名古屋へ行きませんでした。

☑ 肯定文の一般動詞の前にdid notをつけ、動詞を原形にします。通常、省略形のdidn'tが使われます。

疑問文「…は〜しましたか？」〈Did＋主語＋動詞の原形 〜？〉
Did you eat curry and rice yesterday?
あなたは昨日カレーライスを食べましたか？
　Yes, I did.／No, I didn't.
　はい、食べました。／いいえ、食べませんでした。
Did Sakura go to Nagoya last year?
サクラは去年名古屋へ行きましたか？
　Yes, she did.／No, she didn't.
　はい、行きました。／いいえ、行きませんでした。
☑肯定文の最初にDid、文末に？をつけ、動詞を原形にします。

whatの疑問文「何を〜しましたか？」〈What did＋主語＋動詞の原形 〜？〉
What did you see in India?
インドで何を見ましたか？
　I saw the Taj Mahal, the Ganges, and the Red Fort.
　タージ・マハル、ガンジス川、それにレッド・フォートを見ました。
☑文の最初にWhatをつけて、そのあとは疑問文の語順にします。

一般動詞の過去形の作り方

規則動詞……過去形にしたとき、規則的に -ed で終わる動詞
① ed をつける　watch（見る）→watched
② d をつける　like（好む）→liked
③ y を i に変えて ed をつける　carry（運ぶ）→carried
④ 最後の文字を重ねて ed をつける　stop（止まる）→stopped

不規則動詞……規則動詞の過去形の作り方があてはまらず、
　　　　　　　不規則に変化する動詞

よく使う不規則動詞一覧

原形	現在形	過去形	過去分詞形	ing形
be（～である）	am/is/are	was/were	been	being
become（～になる）	become(s)	became	become	becoming
break（こわす）	break(s)	broke	broken	breaking
bring（持ってくる）	bring(s)	brought	brought	bringing
build（建てる）	build(s)	built	built	building
buy（買う）	buy(s)	bought	bought	buying
catch（つかまえる）	catch(es)	caught	caught	catching
choose（選ぶ）	choose(s)	chose	chosen	choosing
come（来る）	come(s)	came	come	coming
do（する）	do/does	did	done	doing
draw（描く）	draw(s)	drew	drawn	drawing
drink（飲む）	drink(s)	drank	drunk	drinking
drive（運転する）	drive(s)	drove	driven	driving
eat（食べる）	eat(s)	ate	eaten	eating

fall（落ちる）	fall(s)	fell	fallen	falling
feel（感じる）	feel(s)	felt	felt	feeling
find（見つける）	find(s)	found	found	finding
fly（飛ぶ）	fly/flies	flew	flown	flying
forget（忘れる）	forget(s)	forgot	forgot/forgotten	forgetting
get（手に入れる）	get(s)	got	got/gotten	getting
give（与える）	give(s)	gave	given	giving
go（行く）	go(es)	went	gone	going
grow（育てる）	grow(s)	grew	grown	growing
have（持っている）	have/has	had	had	having
hear（聞く）	hear(s)	heard	heard	hearing
hit（当たる）	hit(s)	hit	hit	hitting
hold（持つ）	hold(s)	held	held	holding
keep（保つ）	keep(s)	kept	kept	keeping
know（知っている）	know(s)	knew	known	knowing
learn（学ぶ）	learn(s)	learned/learnt	learned/learnt	learning
leave（去る）	leave(s)	left	left	leaving
lose（負ける）	lose(s)	lost	lost	losing
make（作る）	make(s)	made	made	making
mean（意味する）	mean(s)	meant	meant	meaning
meet（会う）	meet(s)	met	met	meeting
put（置く）	put(s)	put	put	putting
read（読む）	read(s)	read	read	reading

run (走る)	run(s)	ran	run	running
say (言う)	say(s)	said	said	saying
see (見る)	see(s)	saw	seen	seeing
show (見せる)	show(s)	showed	shown	showing
sing (歌う)	sing(s)	sang	sung	singing
sleep (眠る)	sleep(s)	slept	slept	sleeping
speak (話す)	speak(s)	spoke	spoken	speaking
spend (過ごす)	spend(s)	spent	spent	spending
swim (泳ぐ)	swim(s)	swam	swum	swimming
take (取る)	take(s)	took	taken	taking
teach (教える)	teach(es)	taught	taught	teaching
tell (伝える)	tell(s)	told	told	telling
think (考える)	think(s)	thought	thought	thinking
understand (理解する)	understand(s)	understood	understood	understanding
wear (着る)	wear(s)	wore	worn	wearing
win (勝つ)	win(s)	won	won	winning
write (書く)	write(s)	wrote	written	writing

Part 4

what
how

「what」と「how」が
わかれば疑問詞マスター

[疑 問 詞]

疑問詞

何？ だれ？ どっち？ だれの？
…と疑問に思ったとき使うのが
疑問詞だよ!!
じゃん
what who which whose when where why how
…あれ？
なんかwhomってやつありませんでしたっけ？
うっすらと習ったような記憶が
whom だれに
確かにあるけど古い言葉で今はほとんど使われてないんだ
今はwhoで代用されているよ

4 疑問詞

- what 何?
- which どっち?
- whose だれの?

まずはこの3つそれぞれ説明していこう

この3つはこうやって単体でも使えるし

What is this?

これは何ですか？

名詞をつけて使うこともできる

What time is it now?
　　　　名詞

今何時ですか？

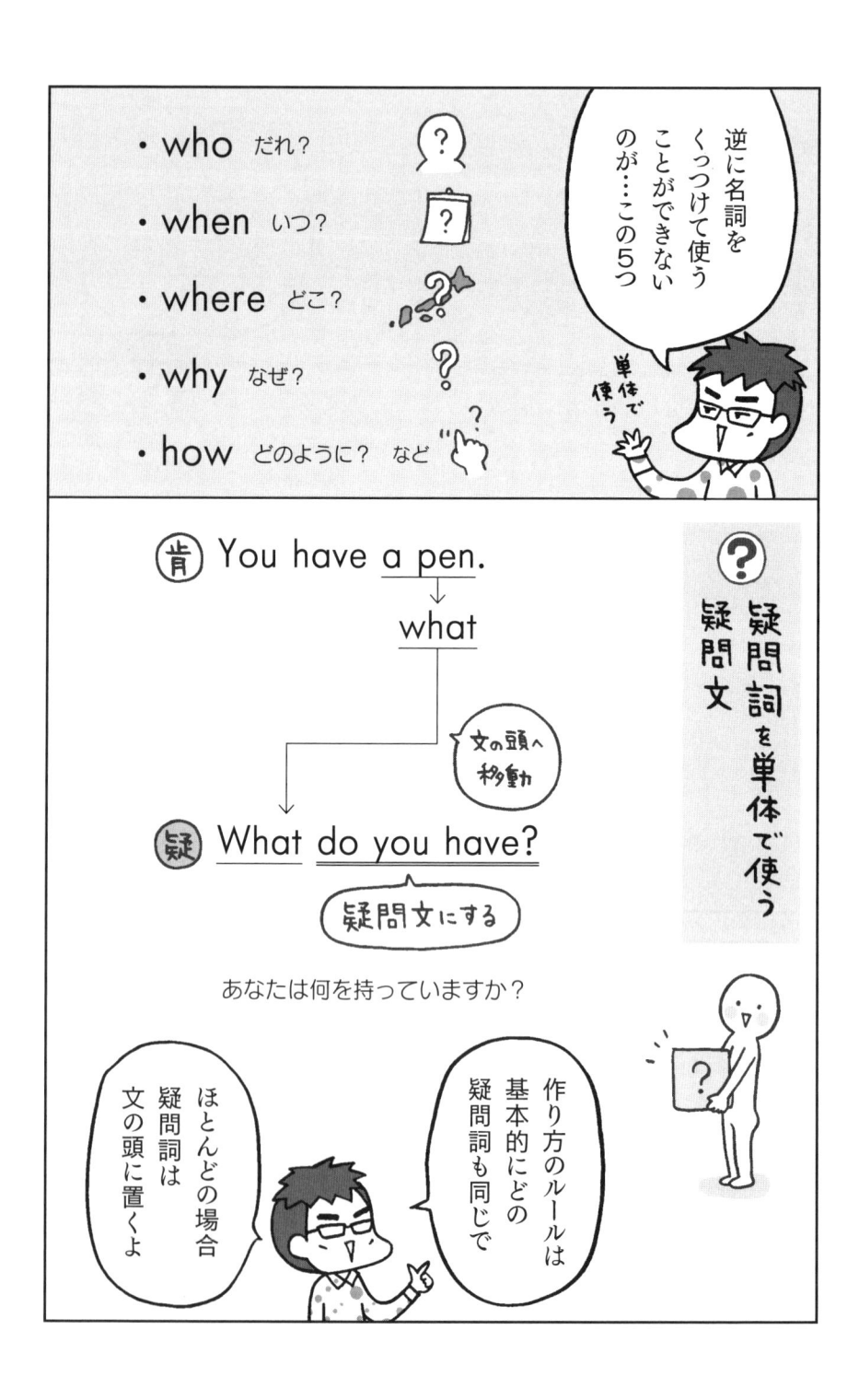

- who だれ?
- when いつ?
- where どこ?
- why なぜ?
- how どのように? など

逆に名詞をくっつけて使うことができないのが…この5つ

単体で使う

疑問詞を単体で使う疑問文

肯 You have a pen.
↓
what

文の頭へ移動

疑 What do you have?

疑問文にする

あなたは何を持っていますか？

作り方のルールは基本的にどの疑問詞も同じで

ほとんどの場合疑問詞は文の頭に置くよ

4 疑問詞に名詞をつける疑問文

肯 This is <u>her cup</u>.
　　　　↓
　　　whose cup

（文の頭へ移動）

疑 <u>Whose cup</u> is this?

（疑問文にする）

これはだれのカップですか？

名詞をつけて使えるのは what・which・whose のみだよ

ちなみに「名詞のくっつく疑問詞」は「形容詞」の働きをするんだ

形容詞の働き？

えーとどういうことですか？

89

そうだな まず…
「形容詞」って 名詞がどんな 状態か説明する ものだよね
えーと そう だっけか
形容詞
名詞
a ひとつの
cute かわいい
small 小さい
cup カップ
「名詞がくっつく 疑問詞」も同じく 名詞を説明して いるから…
形容詞の働き
名詞
what なんの
which どちらの
whose だれの
cup カップ
形容詞の 働きをしてるん ですね
あっなんか わかった!!
このとき ちょっと注意 したいのがコレ
何がダメかわかる?
whose a cup
whose も a も
ともに形容詞の働きを
しているので並べるのは NG
whose だれの?
a ひとつの
こういう間違い 多いんだよ〜
えーと…

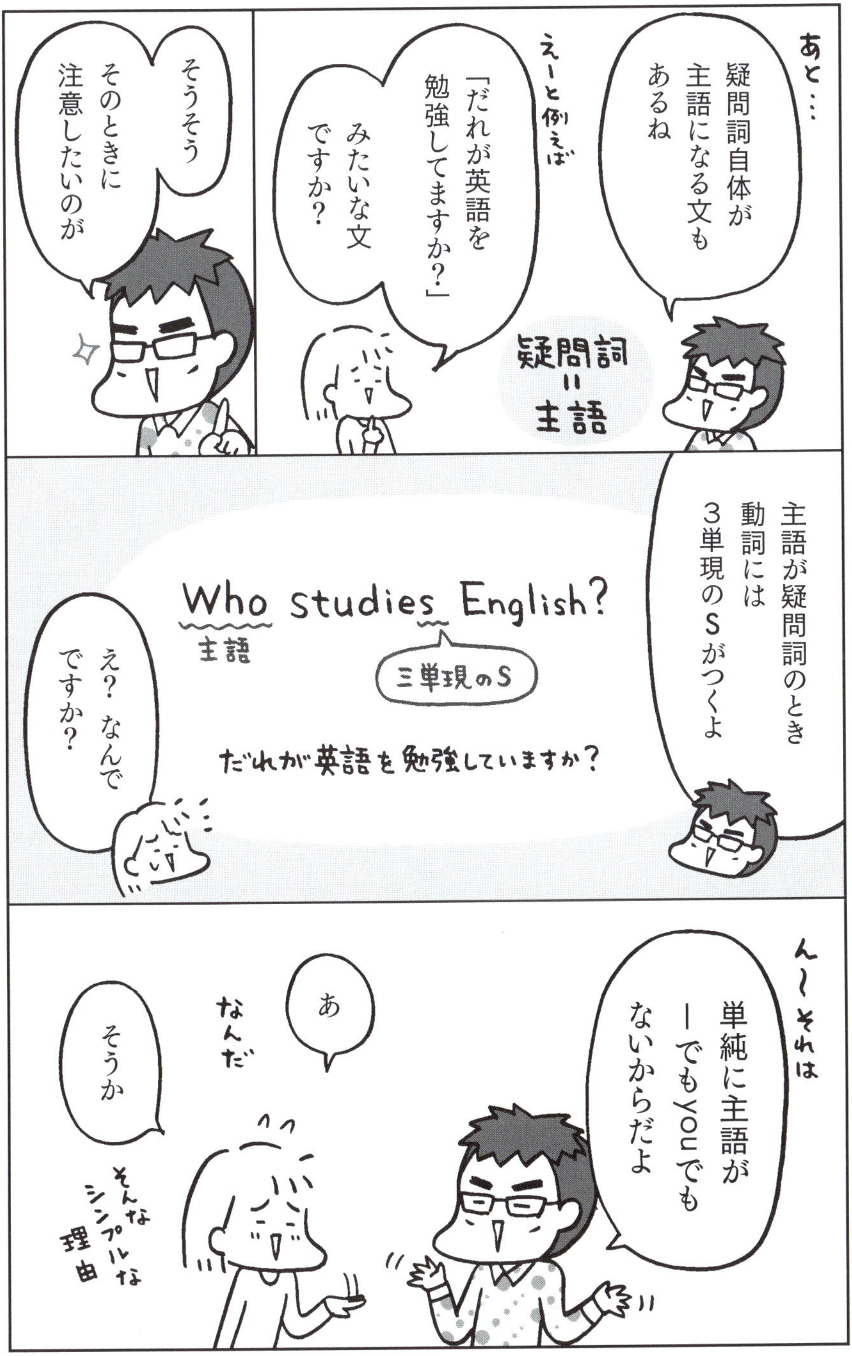
あと…
疑問詞自体が主語になる文もあるね
疑問詞＝主語
えーと例えば
「だれが英語を勉強してますか？」みたいな文ですか？
そうそう そのときに注意したいのが
主語が疑問詞のとき動詞には3単現のSがつくよ
Who studies English?
主語
三単現のS
だれが英語を勉強していますか？
え？なんでですか？
ん〜それは
単純に主語がIでもyouでもないからだよ
あ
なんだ
そうか
そんなシンプルな理由

そうだ
私…疑問詞でwhatとhowの使い分けがよくわからなくなるんです
What?
? How
例えば…
フム…
「どう考えてるの?」ってどっちを使えばいいんですか?
・What do you think? なのか
・How do you think? なのか
whatが何を?で
Howがどのように?
だからどちらも使えそうで
そうだね
まずそれぞれの特徴として
What♡意見
How♥感情
whatは「意見」をともなう動詞と相性がよく
howは「感情」をともなう動詞と相性がいいんだ
ちゃっ

じゃあさっきのthinkと相性がいいのは
thinkは「考える」だから意見かな…だからwhatですか?
えーと
正解
What do you think?
howを使うならこういう表現が多いかな
How do you feel about ~?
あなたは~をどう感じますか?
feelは「感じる」だから感情をともなう動詞だね
ただhowで意見を聞くときもあって…
この意見をたずねるwhatとhowの文どういう違いがあるかというと
あなたは2020年東京オリンピックをどう思いますか?
❶ What do you think of the Tokyo Olympics in 2020?
❷ How do you feel about the Tokyo Olympics in 2020?
2020

答え方がそれぞれこう違ってくるんだ
① Whatの答え
I think the economy will go up.
日本経済が上向きになると思います
② Howの答え
I'm excited about it.
ワクワクします
へー
全然違いますね!!
whatは客観的な意見を
howは感情をともなう意見を求めるときに使うんだよ
質問者が求めているものがそれぞれ違う
howのほうがていねいなニュアンスがあるから初対面の人に対しても使いやすいね
What do you think of ~?
ドライで客観的な意見を聞くとき
How do you feel about ~?
感情をともなう意見を聞くとき

how についてもう少しくわしく説明するとこんな意味もあるんだ

how
- 方法・手段 → どうやって どんな方法で どんなふうに
- 状態・様子 → どんな具合で どんな状態で
- 程度 → どのくらい
- 理由 → どうして

ほかの疑問詞よりも持っている意味が多いんですね

そう 疑問詞の中では特別な存在

だから形もほかとは違うんだね

wじゃなくhから始まる

特別 how

使い方を1つずつ見てみよう

方法・手段 How did you come here?
どうやってここに来たの？

状態・様子 How do you feel?
具合はどう？

程度 How many children do you have?
お子さんは何人ですか？

理由 How is she so thin?
どうして彼女はそんなにやせているの？

これをマスターしておくと会話のとき便利だよ

What day is it today?
今日は何曜日ですか？

What's the date today?
今日は何月何日ですか？

What time is it now?
今何時ですか？

- It's Wednesday.
  水曜日です

- It's April 3.
  4月3日です

- It's eleven thirty.
  11時30分です

話し言葉では
It'sを省いて
答えることが多いんだ
Wednesday
April 3
へ〜
ちなみに
日付を表すときは
序数を使うよ
基数 序数
1 one first
2 two second
3 three third
4 four fourth
順序（日付、学年、階数など）を
表すときは序数になる
じゃあ
さっきの
コレは
4月3日
↓
April third
…って
言えばいいん
ですね
そうだね
序数の一覧は
103ページに
まとめてあるよ

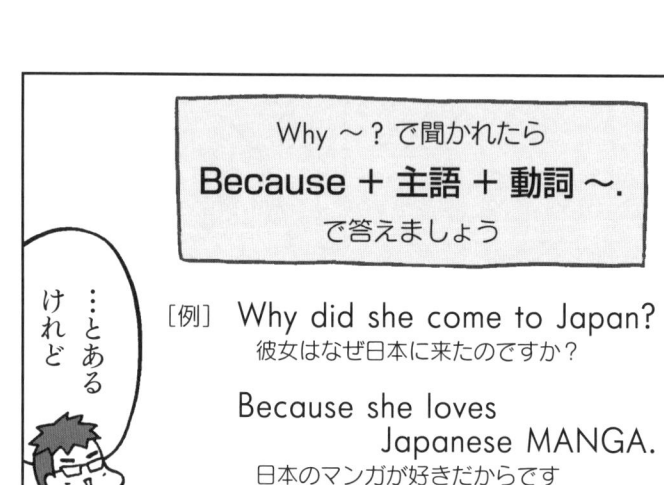

話し言葉といえばよくテキストには…

Why 〜? で聞かれたら
Because + 主語 + 動詞 〜.
で答えましょう

…とあるけれど

[例] Why did she come to Japan?
彼女はなぜ日本に来たのですか？

Because she loves Japanese MANGA.
日本のマンガが好きだからです

これは「話し言葉」の場合であって

「書き言葉」ではNGなんだ!!

接続詞 because（なぜなら）の使い方

{ 文 because 文 .
  Because 文 , 文 . }

※because は接続詞でこんなふうに決まった使い方があるからね

※くわしくは148ページに

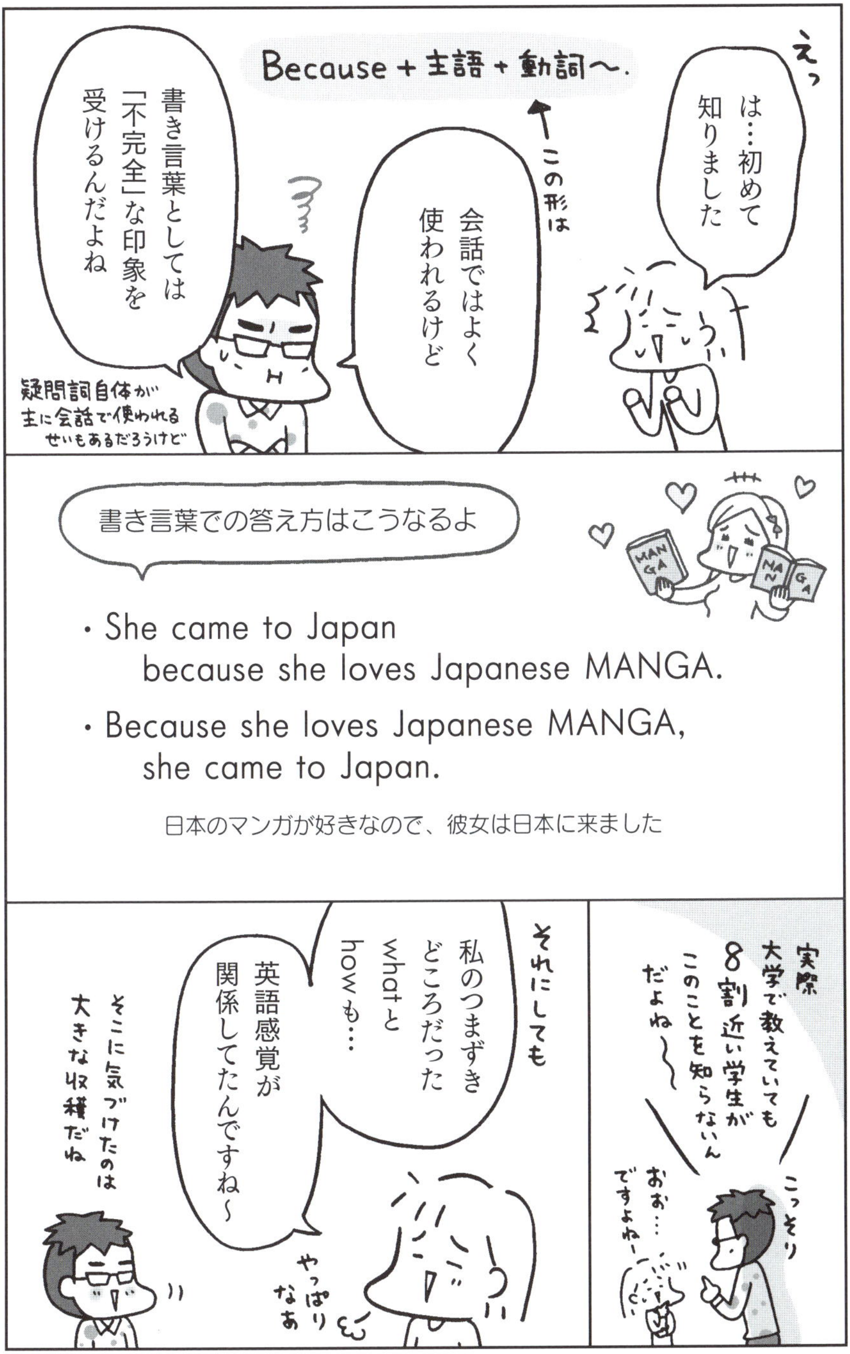
えっ
は…初めて知りました
Because＋主語＋動詞〜.
この形は
会話ではよく使われるけど
書き言葉としては「不完全」な印象を受けるんだよね
疑問詞自体が主に会話で使われるせいもあるだろうけど
書き言葉での答え方はこうなるよ
MANGA
MANGA
・She came to Japan because she loves Japanese MANGA.
・Because she loves Japanese MANGA, she came to Japan.
日本のマンガが好きなので、彼女は日本に来ました
実際大学で教えていても8割近い学生がこのことを知らないんだよね〜
こっそり
おお…ですよねー
それにしても
私のつまずきどころだったwhatとhowも…
英語感覚が関係してたんですね〜
やっぱりなあ
そこに気づけたのは大きな収穫だね

4 疑問詞

疑問詞のまとめ

単体で使う疑問詞

who, when, where, why, how
☑〈疑問詞＋疑問文〉の語順になります。

- who「だれ」

Who is the man? あの男性はだれですか？
　Mr. Tanaka's supervisor. タナカさんの上司です。
Who is Yoko? ヨウコとはだれですか？
　She is my aunt. 私の叔母です。

- when「いつ」

When do you play basketball? いつバスケットボールをしますか？
　On weekdays. 平日です。
When can we have lunch? いつ昼食をとれますか？ ※ツアー旅行の会話
　After the Louvre Museum. ルーブル美術館のあとです。

- where「どこ」

Where are my socks? 僕の靴下はどこ？
　They're on the floor! 床に転がってるわよ！
Where is Cappadocia? カッパドキアとはどこですか？
　It's in Turkey. トルコにあります。

- why「なぜ」

Why were you late today? 今日はなぜ遅れたのですか？
　Because I didn't feel well. 気分が悪かったからです。
Why do you like trains so much? どうしてそんなに電車が好きなの？
　Because they make me excited. 電車は僕をわくわくさせるんだ。
☑Why〜?と聞かれたときの答え方は、102ページも参照してください。

- how「どのように、どのくらい」

How did you come here?　どうやってここに来たのですか？
　On foot.　徒歩で（来ました）。
How is the weather in London?　ロンドンの天気はどうですか？
　It's cloudy.　曇っています。
How many children are there in this nursery school?
この保育園には何人の子どもたちがいますか？
　About one hundred.　約100人です。
How old is your son?　息子さんは何歳ですか？
　Thirteen years old.　13歳です。

単体でも名詞をつけても使える疑問詞

what, which, whose

☑ 単体で使う場合は〈疑問詞＋疑問文〉の語順、名詞をくっつける場合は〈疑問詞＋名詞＋疑問文〉の語順になります。

- what「何」

What is this?　これは何ですか？
　It's my son's drawing.　息子が描いた絵です。
What time is it now?　今何時ですか？
　It's two o'clock.　2時です。

- which「どちら」

Which is your favorite, chocolate cake or cheese cake?
チョコレートケーキとチーズケーキ、どちらが好きですか？
　Cheese cake.　チーズケーキです。
Which restaurant do you want to go?
The Japanese one or the Thai one?
和食のレストランとタイ料理のレストラン、どちらに行きたいですか？
　I like Thai one better.　タイ料理レストランのほうがいいです。

101

- whose「だれの（もの）」

Whose is this? これはだれのですか？
　It's Kelly's. ケリーのです。
Whose bag is this? このバッグはだれのですか？
　It's mine. 私のです。

Ｗｈｙ〜？と聞かれた場合の答え方

Why did you cancel your trip?
なぜ旅行をキャンセルしたのですか？
　Because I was sick in bed.
　病気で寝ていたんです。

上の答え方は、話し言葉としてはOKでも、書き言葉ではNG。becauseは接続詞なので、正しくは文と文を結びつけて使う。上の答えを文法的に正しく表すと下のようになる。

I canceled my trip because I was sick in bed.
病気で寝ていたので、旅行をキャンセルしました。

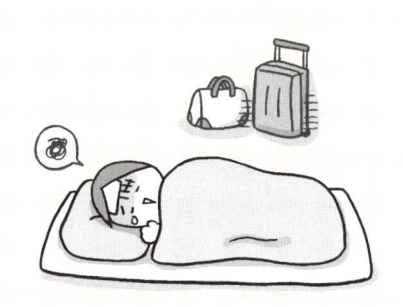

月日の言い方

1月	January	2月	February	3月	March	4月	April
5月	May	6月	June	7月	July	8月	August
9月	September	10月	October	11月	November	12月	December
1日	first	2日	second	3日	third	4日	fourth
5日	fifth	6日	sixth	7日	seventh	8日	eighth
9日	ninth	10日	tenth	11日	eleventh	12日	twelfth
13日	thirteenth	14日	fourteenth	15日	fifteenth	16日	sixteenth
17日	seventeenth	18日	eighteenth	19日	nineteenth	20日	twentieth
21日	twenty-first	22日	twenty-second	23日	twenty-third	24日	twenty-fourth
25日	twenty-fifth	26日	twenty-sixth	27日	twenty-seventh	28日	twenty-eighth
29日	twenty-ninth	30日	thirtieth	31日	thirty-first		

☑日付を数えるときの数字を「序数」と言い、上の表のような日付のほか、回数や順序などに使われます。

enter the first grade　小学1年生になる
my seventh time to China　中国は7度目
the second floor　2階（イギリス英語では3階）

イギリスでは1階をground floor,
2階をfirst floorと呼ぶんだ

Part 5

命令文は「命令」じゃない！

[命令文・感嘆文]

命令文・感嘆文

命令文って主語がないやつですよね

これは覚えてる〜

そう 例えばこんな文だね

一般動詞の命令文
Call me tomorrow.
明日電話してね

be動詞の命令文
Be careful.
気をつけてね

(You) call me tomorrow.
(You) are careful.

ここで省略されている主語はみんなYouなんだ

命令文は目の前の「アナタ」に伝えるものだからね

へ〜

106

Youを取ったあとは動詞が原形になる
You are careful.
You Be careful.
動詞の原形
これが命令文の特徴だね
でもなんでYouを省略したんでしょうね?
?
ふと思う
それはね
Youがあると名指しにしている感じがして
警告や命令のニュアンスが強くなってキツすぎるからなんだ
You
?
命令文なんだからキツくっていいんじゃないですか?
あっ
というかさっきの例文の日本語訳も命令文っぽくなかった!!

実は命令文って
スチャッ
必ずしも日本語での「命令」のニュアンスで使われるわけじゃないんだ
えっ
確かに口調や場面によっては強い命令の意味になるけど
Be careful!!
気をつけなさいよっっ
どちらかというと依頼や提案の意味あいのほうがしっくりくるんだ
Be careful.
気をつけてね
こんなふうに依頼する感じで使われることが多いね
Keep off the grass.
芝生に入らないでください
えーっそうなんだ!!
じゃあ依頼文でいいじゃん
Add salt to vegetables.
野菜に塩を加えてください
Bake 35 min.
35分焼いてください
だから料理本なんて命令文ばっかりだよ

あとこちら
命令文にニュアンスを加える語として
please
just
があるよ
あっ
ていねいに言うときはpleaseをつけるって習いました
ん―…ていねいっていうよりは
どうかお願いっ
please
というニュアンスだね
ええっ
じゃあそれだと
道を聞かれたときに…
Please turn left.
…だと
「どうか左に曲がってお願い!!」みたいになって実は変なの!?
うんそうだね
言いがちだけど

Please call me today.
ガーン
以前道聞かれてそう言っちゃったことが…
これなんかも
「どうしても電話してほしい」という圧迫感があるからビジネスシーンでは敬遠されるね
かわりに Could you～？ Would you～？を使うよ
じゃあ just はどんなニュアンスなんですか？
「ちょっと」とか「だけ」のように
意味をやわらげる感じで日本人にとっては使いやすいよ
just
実際日本人はよく使う
例えば こんな感じ
Just listen.
ちょっと聞いて
Just sit here.
ちょっとここに座って
Just talk to me.
話してくれるだけでいいんだ

否定の命令文のときは

肯定文の動詞の前にdon'tを置く
〜しないでね／〜してはいけません

[一般動詞] Don't worry. 心配しないで

[be動詞] Don't be afraid. 怖がらないで

それから人を誘うときのlet'sは命令文の仲間でね…

let's

let usの省略形だよ

レッツゴーのレッツですか

そう勧誘文とも言うんだけど

命令文と同じで主語(S)＋動詞(V)にならないイレギュラーな形なんだ

Let's ＋ 動詞の原形 〜.
（自分と一緒に）〜しましょう

相手に行動をうながす

Let's go to the zoo. 動物園に行こうよ

お誘いは常に未来…要するに今より先のことだから
未来を表す助動詞とほぼ同じ意味になるよ
これも中1の範囲ではないけど
Let's ～. ≒ Shall we ～?
未来を表す助動詞
Let's go to the zoo.
動物園に行こうよ
≒ Shall we go to the zoo?
動物園に行きませんか？
「ほぼ同じ」って…
イコールではないんですか？
イコールで習ったような
うん
こっちのほうがよりていねいだね
意味がほぼ同じでも形が違えばニュアンスは違うって覚えておいてね
Let'sもLet usになるとかたい感じになる
Shall we～?
さて次は感嘆文について話すよ
「すごく・とても」を伝えたいとき
英語ではsoやveryを使うんだ
so
very

例えば
・He is so cool!
彼って超かっこいい！
・The baby is very cute.
あの赤ちゃんはとってもカワイイ
だけど「すごく・とても」のsoやveryでは表しきれないものを
まかせなさい
How
What
howやwhatで表すのが感嘆文だよ
私たちには表しきれませんっ
so
very
どちらを使うかの見分け方は…
so・very
のうしろが…
形容詞
もしくは
副詞1語
How
形容詞＋名詞
What
名詞のときはwhat
そうでないときはhowと考えると
よりカンタンだよ

howの感嘆文

How + 形容詞/副詞 + 主語 + 動詞！

［主語］はなんて［形容詞］なんでしょう
［主語］はなんて［副詞］に～するのでしょう

How <u>cute</u> <u>she</u> <u>is</u>!
　　形容詞　主語　動詞
彼女はなんてカワイイのでしょう！

whatの感嘆文

What + a/an + 形容詞 + 名詞 + 主語 + 動詞！

［主語］はなんて［形容詞］な［名詞］なんでしょう

What a <u>smart</u> <u>boy</u> <u>he</u> <u>is</u>!
　　　　形容詞　　名詞　　主語　動詞
彼はなんてかしこい少年なんだ！

ここまで教えておいてなんだけど
テヘペロ☆
実はこういう文法的に正しい形の感嘆文って実際にはあまり使われていないんだ
かなり大ゲサな表現だから…
ええっ
そうなんですか？
そのかわり!!
主語と動詞が省略された形はよく使われるよ
How cute！とか
What a smart boy！とか
こんなふうに
ブーブー
確かに日本語でも
なんてカワイイの！
とは言っても
彼女はなんてカワイイのでしょう！
ってとっさには言いませんもんねぇ～
そう
さらには

形容詞すらないものもあるんだ
What + a/an + 名詞！
・What a surprise!
いやー、驚いた！
・What a night!
なんてステキな夜なんだ！
ホントだ!!
これは話し言葉で「決まり文句」として使われてるものだけど
日常会話の中に意外とよく出てくるんだよね
へ〜
そういうものだって知らないと訳せませんね
うっかり「夜って何！」とか訳しちゃいそう
ちなみにコレ
What a night!
昔サイモン&ガーファンクルが自分たちのライブに52万人の観客が集まっているのを見て驚嘆して言ったセリフなんだよ
52万人!!
そりゃあ感嘆しますよね

命令文・感嘆文のまとめ

命令文の正しいニュアンス

命令文は、必ずしも日本語の「命令」という言葉のニュアンス「〜しなさい」ではなく、「〜してね」という依頼や提案の意味で使われることのほうが多い。

命令文の作り方

肯定文「〜してね・〜しなさい」〈動詞の原形 〜.〉
Use my pen.　私のペンを使いなよ。
Keep out.　入らないでください。
Be a good boy.　（男の子に対して）よい子にしてね。
☑ 通常の肯定文 You use my pen.、You are a good boy. から You を取ると命令文になります。Be は動詞 are の原形です。

> pleaseやjustをつけると、
> 命令文にニュアンスが加わるよ
> pleaseは「どうしても〜してほしい」、
> justは「ちょっと〜して」という意味になるんだ

Please come tomorrow.　どうしても明日来てほしいんです。
Just listen.　ちょっと聞いて。

否定文「〜しないでね・〜してはいけません」〈Don't＋動詞の原形 〜.〉
Don't use my pen.　私のペンを使わないで。
Don't watch TV.　テレビを見てはいけません。
Don't be shy.　恥ずかしがらないで。
☑ 肯定文の動詞の前に Don't をつけます。

Let'sの文の作り方

Let'sは命令文の仲間で、命令文と同様、〈主語＋動詞〉にならないイレギュラーな形をとる。同じようなニュアンスの言い回しにShall we〜? があり、こちらはよりていねいな言い方。

Let's sing together.　一緒に歌おうよ。
Shall we sing together?　一緒に歌いませんか？

感嘆文

「なんて〜なんだろう！」という感嘆の気持ちを表すには、感嘆文を使う。

形容詞や副詞を強めたいとき →〈how＋形容詞/副詞＋主語＋動詞！〉
名詞を強めたいとき →〈what＋a/an＋形容詞＋名詞＋主語＋動詞！〉

How cute the baby is!　その赤ちゃんはなんてかわいいんでしょう！
What a cute baby she is!　なんてかわいい赤ちゃんなんでしょう！

ただし、話し言葉でこの形が使われることはほとんどなく、実際には省略した形がよく使われる。

How cute!　なんてかわいいの！
What a good idea!　なんて名案だ！

Part 6

「助」動詞なのに
目立ってる！

[助 動 詞]

助動詞

助動詞ってたくさんあるんだけど
can will may must shall should would might
…など
うへ〜
中1英語で習うのはcanだけ
can
わー
ラク〜♡
ところで
助動詞ってどんな役割があるんですか？
なんか意味もいろいろあった気がして…イマイチ共通点がわからないです
助動詞には「話し手の気持ちや判断を表す」という働きがあるよ
つまり
自分がどう感じているかを表す言葉だね

なるほど…
そう言われるとそんな共通点があるような
フム
フム
でも日本語の助動詞って語尾にくっつくオマケみたいなのですよね
あれっ？
れる・られる・せる・させる
ない・ぬ（ん）・う・よう
まい・たい・たがる
た（だ）・ます・そうだ
らしい・ようだ
だ・です
なのに英語の助動詞って
動詞の前に来ちゃったりして
なんかすごく目立ってるのはナゼ!?
I can speak English.
どーん
主語
動詞
動詞を助ける詞なのに動詞より主張してる
それはね
助動詞が英語を話す人たちにとって
助動詞
「重要」な存在だからなんだ!!

欧米社会では
「自分の考えを伝えること」をとても大切にしてるんだ
事実描写のみ…
彼は走る
主語 He
動詞 runs.
だけど主語と動詞だけでは「どう考えているのか」までは表せない
だから気持ちや判断を表す言葉（助動詞）を作って
目立つ場所に
わっ
ぐいっ
主語 He
助動詞 can
動詞 runs.
ぐいっ
できた
助動詞 can
入れ込んだというワケなんだ!!
ほら話し手の判断が加わっただろう？
彼は走ることができる
He can run.
ホントだ
あらためて文化や価値観から言葉ができているって感じるな～
こういうことを中学のころ知りたかったなあ

さて助動詞canを説明するよ

canには4つの意味があってね

1. 能力
2. 状況
3. 許可
4. 可能性

こういうふうに使うよ～

① ＜能力＞ ～できる
He can speak English.
彼は英語が話せます

② ＜状況＞ ～できる
We can climb Mt.Fuji today.
今日は富士山に登ることができます

③ ＜許可＞ ～してもよい
You can go home now.
もう家へ帰ってもいいよ

④ ＜可能性＞（経験上）ありうる
She can be late.
彼女は遅れてくるかも

can + 動詞の原形
あっ
canのあとって動詞が原形ですよね
主語がHeとか3人称単数でも動詞にSがついてない
なんでですか？
それはね
He can speak English.
彼は英語を話せます
ABC
I
この文章の主語はHe（彼）だけど…
「英語を話せる」と判断している本当の主役は話し手（I）!!
Iは1人称!!
だから動詞にSがつかないと解釈できる
へえぇーっ
動詞が原形なのにはちゃんと理由があるんですね
今まで丸暗記してたけどようやく腑に落ちた
ちなみに過去形のときも変化するのは助動詞だけなのでやっぱり動詞は原形

そうだ
中1の範囲じゃないんですけど
よくこういう書き換え問題をやった記憶が…
can
=
be able to
canの文をbe able toを使って書き換えなさい…みたいな
でも…
be able toって何なんだろうと思って
be able to
?
?
そもそもこれは助動詞じゃないんですよね?
突然出てくるけど
うん
助動詞ではなく助動詞のような働きをするものとされているね
?
?
なんかあいまいな言い方だなあ
助動詞のような働きをするもの?
この2つが同じ意味ならどっちかでいいじゃんって思うんですが
あ
同じ意味ではないんだよ

えっ!?
だって同じって教わったような…
厳密にはだけどね
少し意味が違うから実は書き換えできる文は例外なんだよ
この2つの意味の違いを説明すると…
can ≠ be able to
canは
できる可能性があると話し手が判断している
実際にはできないかもしれないけど
be able toは
純粋な能力事実として実際にできる
こっちは本当にできてないと使えない
だから自転車に乗れない子どもに親が…
You can do it!!
乗れるよ!!
こうは言えるけど…

こうは言えない
You are able to do it!!
乗れているよ!!
?
実際には乗れていないから
へぇぇ〜っ
そうだったんですね!!
まるきり同じ意味だと思ってた
大前提として
言葉が違えば意味は違うんだよ
似た意味であってもね
それにこの場合似ているのは「〈能力〉〜できる」の意味だけで
be able toには123ページの〈状況〉や〈許可〉の意味はないからね
be able toには状況や許可の意味はない!!
be able to
似てる〜
これ似てるね
can
実際できる
できる可能性がある

あっ そういえば

先生 動詞のところで do も助動詞だって言ってましたよね?

そうだよ 中学ではあまり教わらないけどね

よく覚えてたね!!

2種類

実は助動詞って2種類あるんだ

do のほかに be と have もあるんだ

3つとも同じ形の動詞があるからまぎらわしい

助動詞	① can・will・may などによるグループ （話し手の気持ちや判断を表す）
	② be・do・have の3語によるグループ

※くわしくは45ページに

②のbe・do・haveのグループは

ただ文法上の形や時制を表すためだけに存在してるんだよ

canなどのように話し手の判断とは関係なく

名づけて…

文の体裁を整える助動詞トリオ!!

ばーーん

先生…ネーミングがちょっとアレです

メンバーそれぞれの特徴はこんな感じ!!

be → 進行形の文を作る際に時制を示す

do → 疑問・否定・強調・倒置の形を作る

have → have to※ や完了形を作る

※ have to は助動詞のような働きをします

あっ
……!!
はっ
うっ
どうしたの？
だっ
だからかっ!!
謎がとけたアッ
私 今までずっと進行形の文に「be動詞」と「一般動詞」が並んでいるのが謎だったんですが
She is playing tennis.
進行形
一般動詞
彼女はテニスをしています
進行形のbeはbe動詞でなく助動詞!!
だったんですね
そう
ちゃんとルールに沿ってるんだ
実は英語上級者でも進行形のbeが助動詞だって知らない人けっこういるんだよ
「そういうもの」として覚えちゃってるんだね
なんかうれしくなってきました
わあ

助動詞のまとめ

助動詞とは

動詞と一緒に使うことばで、持っている機能によって2つのグループに分けられる。
①話し手の気持ちや判断を表す働きをする
can, will, may, must, shall, should, would, might など
②文法上の形を整える働きをする
be, do, have

助動詞 c a n

canの持つ意味
①能力「〜できる」
Masaki can sing well.
マサキは歌が上手です（←マサキは上手に歌うことができる）。

②状況「〜できる」
Can you go with me?
私と一緒に行けますか？

③許可「〜してもよい」
You can have some ice cream in the freezer.
冷凍庫のアイスクリームを食べてもいいよ。

④可能性「（経験上）ありうる」
It can't be true.
そんなはずはありません（←それが真実ではありえない）。

肯定文「〜できます」「〜してもいいです」「〜はありえます」
〈主語＋ can ＋動詞の原形 〜.〉
I can join the welcome party tomorrow.
私は明日の歓迎会に参加できます。

You can use my computer.
私のパソコンを使っていいですよ。

It can be true.
ありえますね。

☑ 動詞の前に can をつけ、動詞を原形にします。

否定文「〜できません」「〜してはいけません」「〜はありえません」
〈主語＋ cannot ＋動詞の原形 〜.〉
I can't join the welcome party tomorrow.
私は明日の歓迎会には参加できません。

You can't use my computer.
私のパソコンを使ってはいけません。

It can't be true.
そんなはずはありません。

☑ 動詞の前に cannot をつけ、動詞を原形にします。通常、省略形の can't が使われます。

疑問文「〜できますか？」「〜してもいいですか？」「〜はありえますか？」
〈Can＋主語＋動詞の原形 〜？〉

Can I join the welcome party tomorrow?
明日の歓迎会に参加してもいいですか？

> Yes, you can. ／ No, you can't.
> はい、どうぞ。／いいえ、だめです。

Can I use your computer?
あなたのパソコンを使ってもいいですか？

> Yes, you can. ／ No, you can't.
> はい、どうぞ。／いいえ、だめです。

Can it be true?
ありえますか？

> Yes, it can. ／ No, it can't.
> ありえますね。／ありえません。

☑ 肯定文のcanを文の最初に持ってきて、文末に？をつけます。

whatの疑問文「何を〜できますか？」〈What can＋主語＋動詞の原形 〜？〉

What can we see here?
ここで何を見られますか？

> You can see many kinds of wild animals.
> さまざまな種類の野生動物が見られますよ。

☑ 文の最初にWhatをつけて、そのあとは疑問文の語順にします。

canとbe able to〜

- can……話し手が「できる可能性がある」と判断している
- be able to 〜……能力があり、事実として実際にできる

He can speak French.
彼はフランス語を話せます。※話し手が「話せる」と考えている
He is able to speak French.
彼はフランス語を話せます。※事実として話せる

文の体裁を整える助動詞

- be……進行形の文を作る際、現在 or 過去の時制を示す

I'm drawing a picture. 私は（今）絵を描いています。
I was drawing a picture. 私は絵を描いていました。

- do……疑問・否定・強調・倒置の形を作る

Do you like coffee? コーヒーは好きですか？
He doesn't read novels. 彼は小説を読みません。
I do want to visit Sweden. スウェーデンにすごく行ってみたいです。
Little did I know such a thing. そんなことちっとも知りませんでした。

- have……have to 〜「〜しなければならない」の形や完了形を作る

I have to reserve a room for my friend.
友人のために部屋を予約しないといけません。

I have already finished lunch.
ランチはすでに済ませました。

日本人は実質37日分しか英語を勉強していない！？

　昨今「使える英語」や「コミュニケーションのための英語」に対する世間の関心はますます高まっています。この背景には、長年英語の授業を受けているにもかかわらず、満足な成果が得られていない、という不満があるからではないでしょうか。

　では平均的な日本人は、学校教育においてどれくらい英語を学習しているのでしょうか。ここでちょっと計算してみましょう。私立と公立では異なりますが、1回あたり1時間を中学では週4回、高校では週6回英語に触れたと仮定します。大学では教養課程の2年間で1回あたり90分の授業が週2回、年間35週あるのが普通です。すべて合計すると1,260時間になりますが、注意したいのは、授業の最初から終わりまで集中して英語を聞いたり、話したり、読んだり、書いたりしているわけではないということです。

　こう考えると、授業で意識的に英語とかかわっている時間は、正味半分もないのではないでしょうか。とすると実質630時間ほどになります。これは1日の睡眠時間を7時間として、残りの起きている17時間をすべて英語の勉強にあてたとすると、およそ37日分に相当します。

　つまり、8年間も英語をやってきたというのは、朝から晩まで英語漬けの生活にしてわずか1カ月と少しであったということです。「あれだけ英語をやっている」は、実は「あれだけしか英語をやっていない」ということになるのです。

　ちなみに米国国務省付属機関のデータによると、英語を母語とするアメリカ人が日本語を学習して日常生活ができるようになるには、1,320時間かかるという報告があります。日本の学校教育における英語接触量は相当少ないことがわかりますね。

Part 7

接続詞を使うと
英文がレベルアップ！

［ 接 続 詞 ］

接続詞

接続詞は単語・語句・文同士を結びつけるもので…
ぴた
単語 Ken 接 単語 Mary
語句 a son 接 語句 two daughters
文 I went to Kyoto. 接 文 I saw a celebrity.
こんなものがあるよ
and but or so for because …など
なんか
なじみがあるというか感覚的に理解しやすかった記憶が…
うん
そうだね日本語の接続詞の感覚と似ているからね
日本語の接続詞
そして しかし また さらに だから つまり ところで …など
そうなんだ♡

接続詞ってたくさんあるんだけど…
今回は中1の範囲を中心に基本を押さえていこう
ハーイ
まずこの3つから
and
or
but
この3つは「等位接続詞」と呼ばれていて
前後の語句を対等の関係で結ぶよ
ここでの対等の関係というのは
and but or
同じ種類 & 重要度
名詞と名詞
形容詞と形容詞とか
結ばれるものが同じ種類のことばで同じ重要度ってことなんだ
実際にそれぞれの例文を見てみよう

and 〜と… / 〜、そして…（文同士をつなぐとき）

- You and I
  あなたと私
- Tokyo, Kyoto and Osaka
  東京、京都そして大阪
- Lisa is smart, and she is cute.
  リサはかしこい、そしてカワイイ

（3つ以上のとき）
（文同士をつなぐ）

「あなたと私」と言うときはたいてい「I」がうしろに来るんだ
I and you にはならない
そのほうが言いやすいんだろうね

3つ以上の語句はコンマでつないで 最後の語句の前だけが and になる

あと

じゃあ3つ以上をつなぐ言いかたでカレーの具材を言ってみて!!
そんな突然
え〜

えーとっ

Onions, carrots, spinach and almonds!
タマネギ、ニンジン、ホウレンソウ、アーモンド！

フクチ家定番 アーモンド入りカレー

フクチさん カレーにホウレンソウとアーモンド入れるの？
へぇ〜
ちなみに spinach は数えられない名詞だよ

but　〜、しかし（だが）…

butをはさんで逆接になる

I like his voice,
but I don't like his looks.

彼の声は好きだけど見た目が嫌いです

△ but ▼
← 逆のこと →

butのあとはホンネが出るよ

例えば…

She is beautiful,
but she has bad taste in clothes.[※1]

彼女美人よね〜
でも服のセンス悪〜い

うわ〜
butのあとにホンネが

You are such a jerk,[※2]
but you were cool today.

キャー
butのあとにホンネが…

アンタってホントヤなヤツ!!
でも今日はかっこよかったよ…

青春〜

※1　have bad taste in clothes　「服の趣味が悪い」
※2　jerk　「嫌なやつ」

or　〜または（あるいは）…

> A or B
> AとBどっちを選ぶ？といったニュアンス

Would you like green tea or coffee?
緑茶かコーヒーはいかがですか？

This is my first time to visit Kyoto, but I'm enjoying it very much.

ここで問題

「私は初めて京都に来ましたが楽しんでいます」

これにbutは使え…

ます!!よね

「が」がついてるから

使えませんっ　ブーッ

butをはさんで前後は「逆説」だったよね？

「京都に来た」と「楽しんでいる」は逆説じゃないでーす

あーっ　そうだ日本語訳にひきずられたあっ

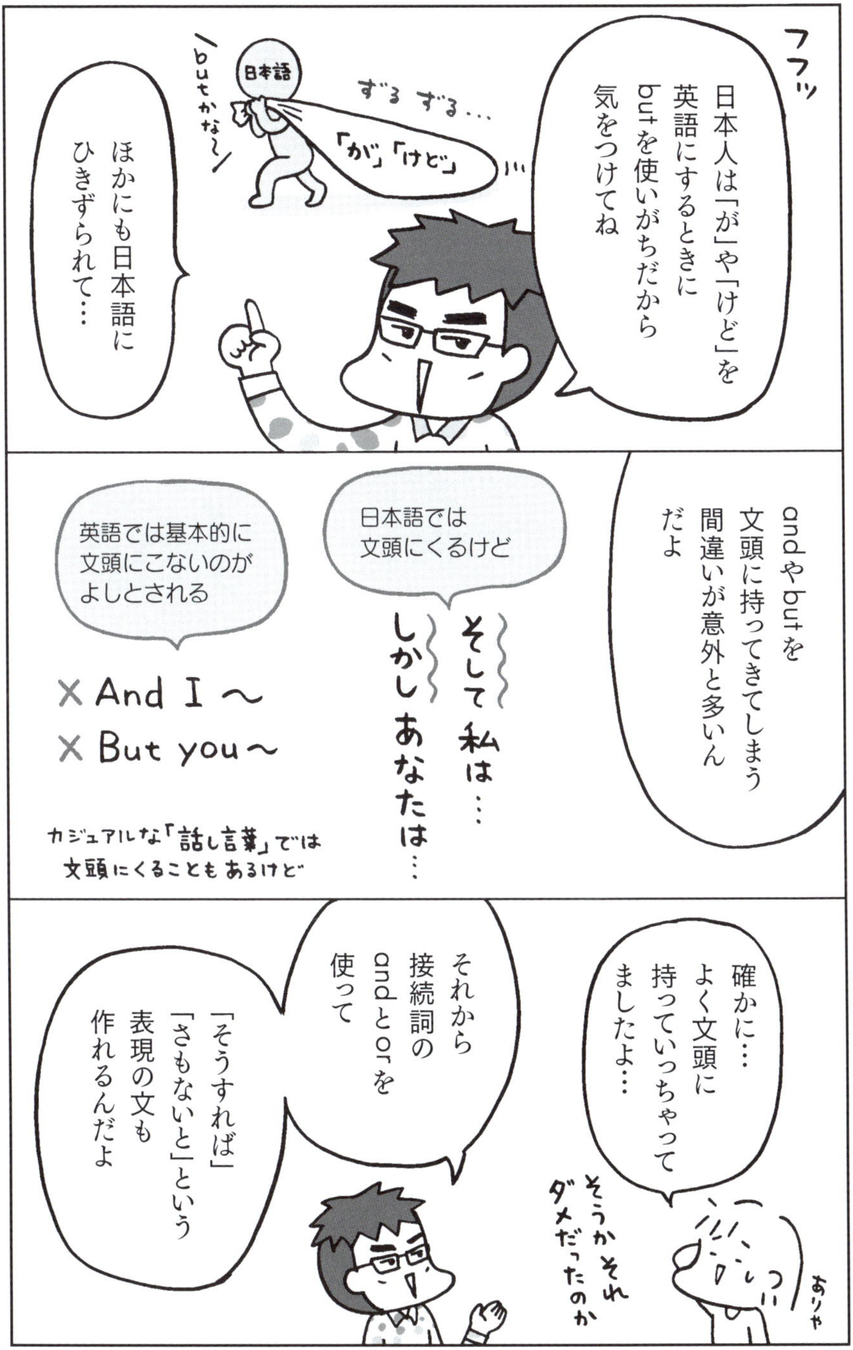
フフッ
日本人は「が」や「けど」を英語にするときにbutを使いがちだから気をつけてね
日本語
ずる ずる…
「が」「けど」
butかな～
ほかにも日本語にひきずられて…
andやbutを文頭に持ってきてしまう間違いが意外と多いんだよ
日本語では文頭にくるけど
そして私は…
しかしあなたは…
英語では基本的に文頭にこないのがよしとされる
×And I ～
×But you～
カジュアルな「話し言葉」では文頭にくることもあるけど
確かに…よく文頭に持っていっちゃってましたよ…
ありゃ
そうかそれダメだったのか
それから接続詞のandとorを使って
「そうすれば」「さもないと」という表現の文も作れるんだよ

命令文 , and 主語 + 動詞

~しなさい、そうすれば…

Study hard, and you will pass the exam.

勉強しなさい、そうすれば試験に受かるよ

> and をはさんだうしろは
> 未来の話になるよ

命令文 , or 主語 + 動詞

~しなさい、さもないと…

Study hard, or you will fail the exam.

勉強しなさい、さもないと試験に落ちるよ

> or をはさんで
> 「勉強する現在」と「試験に落ちる未来」
> どっちを選ぶ？ という構造

文をつなぐの専門でーす

so / for

文・・・文

次に文と文だけを対等に結ぶ接続詞を2つ

単語や語句同士は結ばないよ

---

so 結果 〜それで…

（soの前が原因で後が結果）

soは話しことばのニュアンスが強いね

She ate too much last month, so she gained weight.

彼女は先月食べすぎました
それで太ってしまいました

---

for 原因理由 …と申しますのは〜だからだ

（forの前が結果で後が原因）

実はforは古いことばで今はもうほとんど使われていないよ

本の中とかで使われるくらい

She gained weight, for she ate too much last month.

彼女は太ってしまいました
と申しますのは先月食べすぎたからでござる

だからって「ござる」はあまりにも

接続詞

145

あと「セットで使う接続詞」というのがあってね
セット？
こういうのなんだけど
both A and B
あー
覚えてます覚えてます
これは相方（ペア）探しだと思って見ると面白いよ
Aの相方Bをさがすゲーム
AがトムならBがジェリー
AがチップならBがデールみたいに？

セットで使う接続詞

- both A and B
  AもBも両方とも

- either A or B
  AかBのどちらか

- not only A but (also) B
  AだけでなくBも

- not A but B
  AではなくB

このnotはdoesn'tのような形になることもあるので注意して見てね!!

例文は章末153ページにあるよ

次は「従属接続詞」と呼ばれるこの2つ

\主従関係つけるよ/
because

\平等ではない/
if

これも中1範囲外だけど表現の幅が広がるからおさえておこう

この単語がつなぐ語句は等価ではなくて…

---

because 〜なので…

メインで伝えたいこととその理由や条件（サブ）になるんだ

- Because [サブ(理由.条件) A], [メイン B].
- [メイン B] because [サブ(理由.条件) A].

(例文)
Because |he is very tired|, |he can't run any more|.
彼はとても疲れているから、これ以上走れません

じゃあこの場合一番メインで伝えたいのは「彼は走れない」ってことなんですね

if もし〜すれば…
（〜ならば…）

サブ（理由・条件） メイン

If A , B .

例文

If it rains tomorrow , we will cancel the trip .

もし明日が雨なら旅行をキャンセルするでしょう

この文で一番重要なのは「旅行をキャンセルする」ってことですね

ってことは…

やーめた

どちらも接続詞のうしろはサブなんですね

語句に主従関係をつけるから「従属接続詞」なのか!!

あっ

うん そういうこと

150

接続詞のまとめ

接続詞とは

単語と単語、語句と語句、文と文を結びつける役割をする。
and, but, or, so, for, because, if など
[単語の例] Ken and Mary(ケンとメアリー)
[語句の例] white shirt and green skirt(白いシャツと緑のスカート)
[文の例] This is Kate, and that is Tom.(こちらはケイト、あちらがトムです)

主な接続詞

• and……単語と単語、語句と語句、文と文をつなぐ。
「〜と…」「〜、そして…」
Tom and Jerry トムとジェリー
I went there, and I found him. 私はそこに行って、彼を見つけました。
breakfast, lunch, dinner and midnight snack
朝食、昼食、夕食、そして夜食
☑ 3つ以上の語句をつなぐときは、最後の語句の前にandを入れ、ほかは「,(コンマ)」でつなぎます。

• but……単語と単語、語句と語句、文と文をつなぐ。
「〜、しかし(だが)…」
She is poor, but she is happy. 彼女は貧しいけれど、幸せです。
Misa loves cats, but she has an allergy to them.
ミサは猫が大好きですが、猫アレルギーがあります。

- **or**……単語と単語、語句と語句、文と文をつなぐ。
「〜または（あるいは）…」
Tea or coffee? 紅茶にしますか、それともコーヒーにしますか？
He or I have to go. 彼か私が行かなければなりません。
☑ Ⓐ or Ⓑ が主語になる場合、動詞の形は近いほう（B）に合わせます。

- **so**……文と文をつなぐ。「〜それで…」
I didn't do my homework, so my teacher got angry.
私が宿題をしなかったので、先生は怒りました。

- **for**……文と文をつなぐ。「…というのは〜だからだ」
He may be sick, for he turned pale.
彼は病気かもしれません、顔色が悪いから。
☑ 古い言葉で、硬い文以外では、今はあまり使われません。

- **because**……文と文をつなぎ、理由を説明する。「〜なので…」
Because I don't like seafood, I can't eat sushi.
海産物が嫌いなので、寿司は食べられません。
I got lost because I'm a stranger here.
この辺りは不慣れなので、道に迷いました。

- **if**……文と文をつなぎ、条件を説明する。「もし〜すれば…」
If it snows, we cannot go out.
もし雪が降れば、私たちは外に出られません。

接続詞を使ったお決まりのパターン

- 命令文, and 主語＋動詞「～しなさい、そうすれば…」

Do your best, and you will be satisfied with the result.

ベストを尽くしなさい、そうすれば結果に満足できるでしょう。

- 命令文, or 主語＋動詞「～しなさい、さもないと…」

Do your best, or you will be unhappy with the result.

ベストを尽くしなさい、さもないと結果を不満に思ってしまうでしょう。

- both A and B「AもBも両方とも」

Ms. Wan can speak both English and Chinese.

ワンさんは英語も中国語も話せます。

Both he and his father are doctors.

彼も彼の父親も医師です。

☑ both A and B が主語になる場合、主語は複数扱いになります。

- either A or B「AかBのどちらか」

You have to choose either math or history.

数学か歴史かどちらかを選ばなければなりません。

Either Mr. Takahashi or Mr. Lee knows that.

タカハシさんかリーさんが知っています。

☑ either A or B が主語になる場合、動詞の形は近いほう（B）に合わせます。

- not only A but (also) B 「AだけでなくBも」

She not only brought soft drinks, but also made lunch.
彼女は飲み物を持ってきただけでなく、昼食も作ってくれました。

Not only John, but also Sam can play the violin well.
ジョンだけでなくサムもバイオリンを上手に弾けます。

☑ not only A but also B が主語になる場合、動詞の形は近いほう (B) に合わせます。

- not A but B 「AではなくB」

He is not a president, but a vice-president.
彼は社長ではなく、副社長です。

☑ not A but B が主語になる場合、動詞の形は近いほう (B) に合わせます。

Part 8

in

イメージをつかめば
前置詞は間違わない！

［ 前 置 詞 ］

前置詞

中1の範囲ではないんですが
私…前置詞がすっごく謎です
だって…
教わった訳の通りに使っても間違ってることが多いし…
んも〜〜
一体何を使えばいいのかわかんない!!
使い方の法則が見えないっ!!
「〜に」だからat
ガーン
えっなんで
もう なかば あてずっぽうで 使うしまつ
フクチさんは
1つの前置詞に対して…
例えば at＝〜に みたいな 感じで
1つの日本語訳があると思ってるでしょ
えっ
そこから違ってたんですか!?
思ってましたとも!!
ガーン
at
〜に

前置詞を学ぶとき
大切なのは…
日本語訳で
考えない!!
前置詞は
「イメージ」で
とらえる!!
イメージ…
ですか?
ハテ?
そう!!
そもそも
前置詞の
役目はね
「よりくわしい
イメージを
相手に伝える」
ことなんだ
例えば…
日本語では
あっ
お皿に
ケーキが
あるよ
食べて
いいよ
わーい
お皿の上
だね
お皿の下では
ないよね…
…と察する
必要があるけれど

英語では
前置詞を使うことで
on the plate
パッ
すぐにハッキリイメージできる
おおっ
なるほど…
英語はハッキリさせたがる言語だから
前置詞は味方につけると力強いパートナーになるんだよ
まぁ
確かに用法は山ほどあるんだけど…
うげっ
でもね
これから教えるイメージをいったんつかめば
何を使えばいいのか迷いにくくなるし
話し手のイメージしていることも理解できるようになるよ!!
マジすか…!?

あの〜その前に
よくテキストに載ってるこういうのって…
覚えるべきですか？
うげ〜
前置詞は…
•〈前置詞＋名詞〉で動詞を説明し副詞として働く
•〈前置詞＋名詞〉で直前の名詞を説明し形容詞として働く
あぁ…
これは前置詞を日本語で説明するとこうなるっていうだけのものだから…
よく載ってますけど
覚えなくていいです
が〜ん
中学時代がんばって覚えちゃったよ〜
それよりも覚えたほうがいいのは前置詞1つ1つのイメージ!!
よく登場する前置詞を7つピックアップしたから見ていこう
at
on
in
for
to
of
over
じゃん!!
あー確かにコレ
よく出てきたけどどう使い分けしたらいいかわからない…
でしょ
それぞれのイメージは次のページ

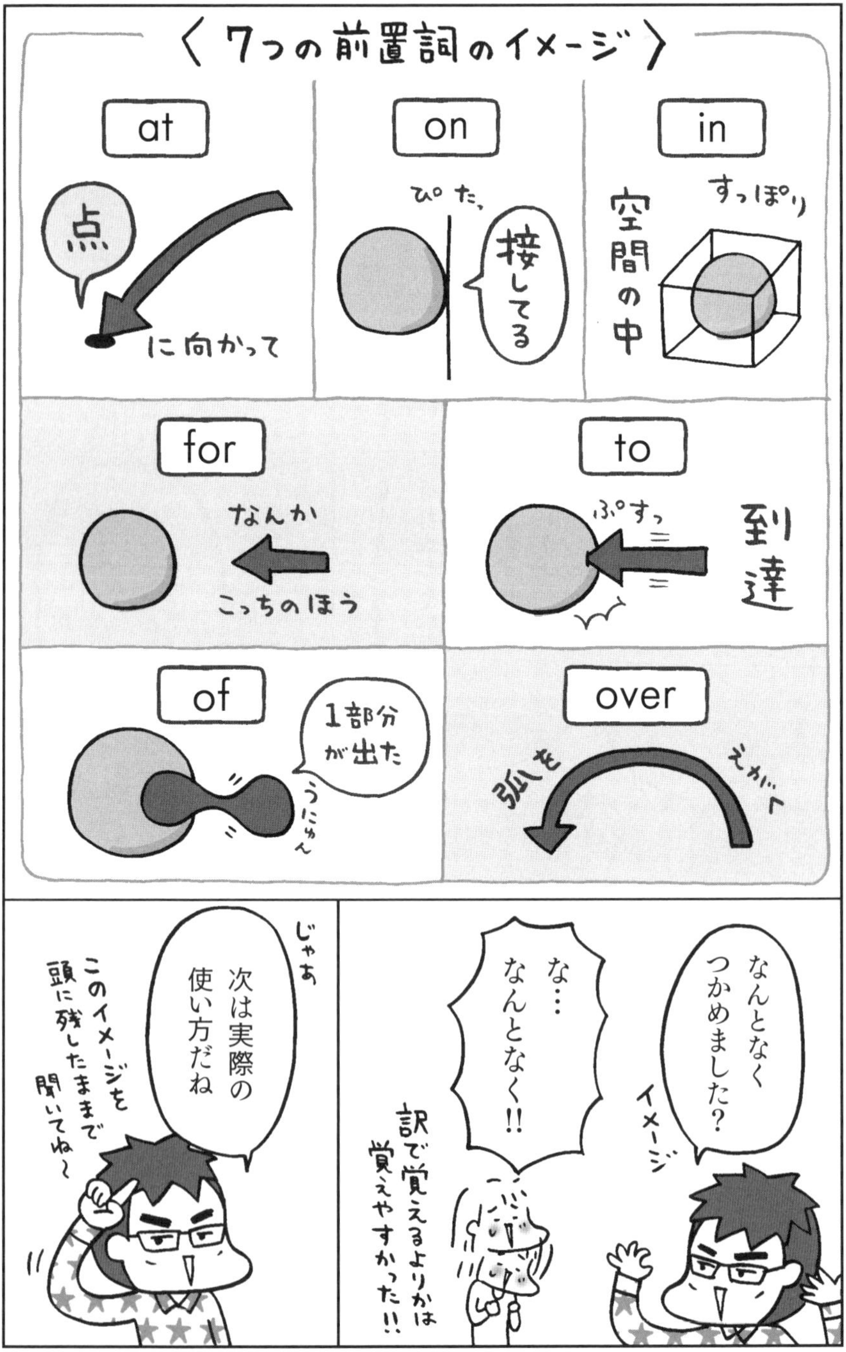
〈7つの前置詞のイメージ〉
at
点
に向かって
on
ぴたっ
接してる
in
すっぽり
空間の中
for
なんか
こっちのほう
to
ぷすっ
到達
of
1部分が出た
うにゅん
over
弧をえがく
なんとなくつかめました？
イメージ
な…なんとなく!!
訳で覚えるよりかは覚えやすかった!!
じゃあ
次は実際の使い方だね
このイメージを頭に残したままで聞いてね～

前置詞って「時」「場所」を伝えるときによく使われるから…
その分類で見ていこうか
〈時〉
at …時刻・１点
on…日付・曜日
in …年・季節
月・週など
よく教わるのはこんな感じだよね
ぷしゅ〜
ハイ…
覚えにくい
スチャッ
ここで大切なのも英語の感覚!!
英語では時間を「点」と「幅」でとらえるんだ!!
点
幅
まずイメージしてほしいのは時間の流れを帯に見立てたこちらの図
時間の流れ

例えばこれで1日
24時間を表したとすると
0時
6時
12時
18時
0時
さて
9時は
どこでしょう？
ぴしっ
ココ!!
ですっっ
その点を
指すイメージは
at だよね
at
点
に向かって
だから時刻は
at なんだ!!
あー
at nine
じゃあ
午前中は？
ここから…
ここまで
です
0時
6時
12時
18時
0時
そう「幅」＝連続
する時間が
あるよね
その幅の中で
人間が活動する
イメージから
in
空間の中
inを
使う
と考えられて
いるんだ
in the morning (午前中)

in
年・季節・月・週など

in the 20th century

in the summer

in April

in the morning

ほかの例も見てみよう「幅」の感覚つかめるかな

at
時刻・1点など

at seven 7時

at lunch おひるごはん

ん？ランチの時間って幅がある気がするんですけどなんで!?

連続した時間ですよね

確かに日本語の感覚だとそうだよね

でも英語の感覚ではあくまでランチタイムは「点」なんだ!!

at lunch

日本語の感覚に合わせて考えるのではなく

この英語感覚ごと覚えるのがポイント!!

そっか…逆に

その感覚の違いが前置詞を通して見えてくるってことか

on 日付・曜日

ただ日付と曜日のonに関しては

on February 5
2月5日

on Monday
月曜日

点と幅のイメージはなくてなぜonが使われるのかハッキリしてない

ネイティブでさえ
うーん
生まれたときから日付と曜日はonだからなー
イギリス人
カナダ人
なぜonかなんて考えたことなかった!!
アメリカ人
へ〜でも確かに
日本語だって「そういうもの」として深く理由を考えずに使ってますもんね
きっと日本語を勉強してる人は「?」と思うコト多いんだろうな
ナンデ日本語ッテ
ナンデ?
日付・曜日といえばカレンダーだけど
あっ…
もしかしてonの「接触」のイメージが
日付と曜日を紙に書いてカレンダーを作る光景にしっくりくるからだったりして
write on the paper
紙に書く
1 January
sun mon tue wed thu
1 2 3 4 5
接触
なるほど
そういうイメージを持っていると覚えやすいね

〈場所〉
地点
at
広い空間
in
at the tower
in Tokyo
なるほど
確かに最初に教わったイメージでなんとなくこの使われ方がわかる気がします!!
atは点に向かう
inは空間
だから
フフ そりゃよかった
onも面白いんだよ～
学校では「～の上に」って覚えましたけど
日付のとこでも言ったけど
onは上というより「接触」「くっついてる」イメージなんだ
接
ぴたっ
あっ そうでしたね
だからテーブルの上のコーヒーも
壁に貼ってあるポスターも
POSTER
天井にひっついてる忍者も!!
そう
みんなon!!
お～

じゃあここで実際にinとonで意味がどう変わってくるのかクーイズ!!
・in the street
・on the street
これはそれぞれどんなイメージでしょう?
え…えーと
in 空間
on 接触
in the street
空間
通り…と
on the street
接
道路?
かな
正解!!
あ
あたった!!
すごいうれし～!!
ほら
わかってくると面白いでしょう
う～ん
前置詞って「答えは1つ」だと思ってたんですが
in the street なら○
on the street なら✕ みたいに
そういうことじゃなく
使う前置詞によって伝えたいイメージが変えられる
便利なツールだったんですね

じゃあ
これはどんな
イメージ？
・sit in the chair
・sit on the chair
えーと…
Sit on the chair
ちょこん
接
Sit in the chair
?
?
ちょっと
難しかった？
onは
わかります
inの
ほうは…
う〜ん
イスの
空間？
こういう
イメージ!!
Sit in the chair
すっぽり
そっか!!
inはすっぽり
深く包まれるように
座れるイス
onはちょこんと
軽く腰かけるイスの
イメージになるんですね
なるほど
おもしろ〜い!!

「移動」を示すときよく使われるのがこの2つ
to
ぷすっ
到達してる
=
for
到達したかはわからない
方向だけ
目的に到達してるかどうかの違いがポイントだよ
実際に使われるとこんな感じになるよ
東京
Ken went to Tokyo.
ケンは東京に行きました
東京に到着してる
?
Ken left for Tokyo.
ケンは東京に向かって出発しました
東京に到着したかはわからない
?
でもコレ
went for じゃダメなんですか
動詞をそろえて
それぞれの前置詞には相性のいい動詞があって何にでも組み合わせられるわけじゃないんだ
しかも went for だと「〜を取りに行った、選んだ、狙った」という意味になってしまう
えっ
そうなんだ
「コロケーション」っていってね…これを説明しようとすると本が一冊書けちゃうくらいなんだけど…
ぺらぺら
じゃあ今はいいです…

8 前置詞

さて次に説明するofだけど…
of
ないっっ
of
分離
こつぜん
もともと持っていた「分離」の意味をoff（これも前置詞）に奪われてしまった過去があるんだ…
すたこら
分離
off
さっさ〜
なんと…
その名残りで…
ちょこっとだけ「分離」を引きずった「全体の一部」というイメージになったんだよ
でも
とり出すだけで離れはしない!!
とある集合体
一部
of
うにゅん
例えば
a room of the house
家の中の一室
テーブルの脚の部分
the legs of a table
It's so kind of you.
ご親切にどうも
あなたの中の親切な一部分
kind
たしかに離れたら大変だ

最後になったけどoverのイメージもつかんでおくと便利
over
これは弧を描くイメージでしたよね
そう
over the river
橋
だからこういうのはもちろん
come over
わざわざ遠くから来るイメージ
=3
こんなふうにも使われるよ
over the table
覆うイメージ
look over
目を通すイメージ
ぐる〜り
はぁあ〜
前置詞って私を困らせるための記号かと思ってきたけど
知らなかったあ
こんなにいろんなイメージをプラスできるうえ英語が持つ感覚を知るきっかけにもなるんですね
短いくせにニクイやつ♡
前置詞って楽しいんだよ
そう♪

前置詞のまとめ

前置詞とは

話し手が想像しているイメージをよりくわしく相手に伝えるためのもので、名詞につけて使う。

at, on, in, for, to, of, over, from, by, through など

前置詞のイメージ(1)

- at……「ある1点」に向かうイメージ。

I met him at 9 o'clock. 9時に彼に会いました。
Ms. Kawano is working at her office.
カワノさんはオフィスで仕事をしています。
Look at the flowers! あの花を見て！

- on……「接している」イメージ。

A butterfly is on your head. チョウが頭に止まっているよ。
Her photo is on the wall. 壁に彼女の写真が貼ってあります。
I take an economics course on Monday.
月曜日に経済学の授業を取っています。
My father likes watching baseball games on TV.
父はテレビで野球観戦するのが好きです。

- in……「空間の中」のイメージ。

I was born in April. 私は4月生まれです。
Emma lives in Chicago. エマはシカゴに住んでいます。

172

- for……「方向を指す」イメージ。目的に到達したかどうかはわからない。

Rick left for Berlin.
リックはベルリンに向けて発った。※到着したかどうかはわからない

I'm waiting for Mika.　ミカを待っているところです。

Here is a present for you.　あなたへの贈り物です。

- to……「目標に向かって到達している」イメージ。

Yuji went to Berlin.　ユウジはベルリンに行った。※到着している

I got to the station.　駅に着きました。

My sister took me to the hospital.
姉（妹）が病院へ連れていってくれました。

- of……「全体の1部分が出た」イメージ。

Two cups of coffee, please.　コーヒー2杯、お願いします。

She is proud of her beauty.　彼女は自分の美しさを誇りにしています。

I'm a member of the futsal team.　私はそのフットサルチームのメンバーです。

- over……「弧を描く」イメージ。

Look over there!　向こうを見て！

Let's discuss the matter over dinner.
夕食をとりながらその件について話し合いましょう。

There is a bridge over the river.　川には橋がかかっています。

前置詞のイメージ (2)

- from……「出発点」のイメージ。

I'm from Canada.
私はカナダ出身です。

Chocolate is made from cocoa beans.
チョコレートはカカオ豆から作られます。

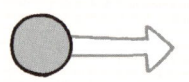

- by……「近く」のイメージ。

Saori went to Miyazaki by train.
サオリは電車で宮崎へ行きました。

The copier is by the window.
コピー機は窓のそばにありますよ。

- through……「通り抜ける」イメージ。

Our school will be closed through the month of August.
私たちの学校は8月いっぱい閉まっているでしょう。

Masato ran through the shopping street and hurried to school.
マサトは商店街を走り抜けて学校へ急ぎました。

- across……「横切る」イメージ。

Spot-billed ducks are walking across the street.
カルガモたちが通りを渡っています。

I traveled across the Eurasian continent last year.
昨年、ユーラシア大陸横断の旅をしました。

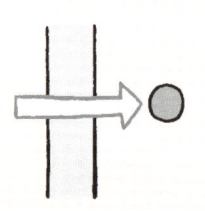

- around……「ぐるりと回る」イメージ。

He always travels around the world on business.
彼はいつも仕事で世界中を飛び回っています。

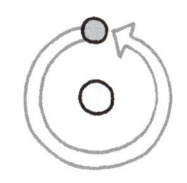

There is a post office around the corner.
角を曲がったところに郵便局があります。

- about……「周辺」のイメージ。ものごとの周辺部や関連事項を指す。

What do you know about Mexico?
メキシコについてどんなことを知っていますか？

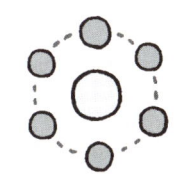

☑ メキシコについて（その周辺的な話題も含めて）どんなことを知っているか、という意味です。

I was about to leave the house.
私はまさに家を出ようとしていました。

☑ be about to 〜 で「まさに〜しようとしている」という熟語。「to 以下の動作に向かって、その周辺にいる」ということから、この意味になります。

- off……「離れる」イメージ。

Let's get off the train at the next station.
次の駅で電車を降りてみましょう。

A button just came off my shirt.
シャツのボタンがちょうど取れました。

- into……「空間の中に入る」イメージ。
Suddenly my father came into my room.
突然、父が私の部屋に入ってきました。
Masao went into business
after he graduated from high school.
マサオは高校卒業後に実業界に入りました。

- with……「共に」のイメージ。
I'm living with my brother.
私は弟と同居しています。
Hiroyuki made invitation cards with the computer.
ヒロユキはパソコンで招待状を作りました。

> 前置詞のイメージがそのまま
> 日本語訳になるわけじゃないけど、
> 連想してみると必ずつながりが見えてくるよ！
> 「電車で(by train)宮崎へ行きました」
> ＝電車という交通手段が近くにある
> 「パソコンで(with the computer)招待状を作りました」
> ＝パソコンとともに招待状を作る

英語が苦手な人あるある…?

アルファベットはもはや模様

この柄かわい〜♡

IN A GENTLE WAY, YOU CAN SHAKE THE world

単語の意味が
何であるかはわからない …そして調べもしない

Part
9

「文型」は
英語の設計図

[品 詞・文 型]

品詞・文型

英語を理解するためには
文型
「文型」を理解することがすご～～く大切!!
文型は中1の範囲じゃないけどね
それでもあえて学んでほしい!!
えーと
文型ってあの…SVとかSVCとかでしたよね
Sが主語
Vが動詞で
Cが…
副詞?でしたっけ?
いやいや
副詞は品詞でしょ
Cは補語だよ
何がどうちがうんだっけ
え～っ…
品詞?

う〜ん
どうやら私品詞も文型もゴチャゴチャになってるみたいです…
ムム
…
だね
でも先生
文型を理解することって本当にそんなに大切なんですか?
私…
文型を学ぶメリットが昔からよくわからないんですけど…
文型を学ぶメリット?
そうか…そこの実感がわかないのか…
フム…
そうだな

9
品詞・文型

文型って
ロボットの設計図
みたいなものなんだよ
え？
たくさんのパーツ（単語）が
あって一見複雑でも…
設計図に沿って
組み立てていけば
キレイな完成形に
なるでしょ？
できた!!
つまり
正しい英文になる
逆に
設計図通りに
作らないと完成
しなかったり…
文として成り立たず
通じない
あれーっ
まったく違うものに
なってしまったり
する
なんで!?
違う意味の
文になってしまう

Dorothy lived in the midst of the great Kansas prairies, with Uncle Henry, who was a farmer, and Aunt Em, who was the farmer's wife. Their house was small, for the lumber to build it had to be carried by wagon many miles. There were four walls, a floor and a roof, which made one room; and this room contained a rusty looking cookstove, a cupboard for the dishes, a table, three or four chairs, and the beds.

じゃあ早速…
文型のこと教えてくださいっ
いや
その前に「品詞」をしっかりおさらいしておいたほうがよさそうだね
さっきの話ではわかってなさそうだったから
まず品詞をきちんと理解しておくことで
その後の文型の理解が雲泥の差だからね
私…今泥なのね…
1 名詞
人やものの名前
apple りんご　cat ネコ
Ken ケン（男性の名）
Japan 日本　など
apple
cat
Ken

❷ 代名詞

名前の代わりに使われることば

I 私　you あなた　he 彼
this これ　it それ　など

人を指すものを人称代名詞と言うよ

❸ 動詞

人や物事の動きや状況を表すことば

一般動詞
make 作る　sleep 眠る　など

be動詞
am　is　are　など

❹ 助動詞

(1) 話し手の気持ちや判断を表すことば

(2) 文法上の形や時制を表すため文を整えることば

(1) can　will　may
　　 must　shall
　　 should　would　など

(2) be　do　have

文の体裁を整える　助動詞トリオ

red 赤い　beautiful 美しい
happy 幸せな　old 古い
important 重要な　　　など

5 形容詞

名詞を修飾することば

英語って説明したがりの言語でね

例えば car という単語があったら

そこにどんどん形容詞をくっつけて説明したくなるクセがあるんだ

スチャッ

- 古い車　old [car]
  　　　　形容詞

- ドイツ製の車　a [car] made in Germany
  　　　　　　　　形容詞句（2つ以上の単語のカタマリで
  　　　　　　　　　　　　全体で形容詞の働きをするもの）

- この夏買った車　a [car] I bought this summer
  　　　　　　　　　形容詞節（主語と動詞の入ったカタマリで
  　　　　　　　　　　　　全体で形容詞の働きをするもの）

a car　\1台/

名詞の状況を説明するから

ちなみに※冠詞（a や the）や分詞も

形容詞にあたるんだよ

※分詞……動詞が ing 形に変化して形容詞の働きをするもの

186

6 副詞
名詞以外を修飾することば
さっきも出てきたけど
修飾って？
意味がよくわからない
slowly ゆっくり
happily 幸福に
sadly 悲しんで
など
「説明する」ってコトだね
固くて日常的にはなじみのない言葉だよね
こうやって名詞以外をくわしく説明するよ
I drive safely in the rain.
副詞
副詞句
私は雨の中では安全に運転をします
副詞句…2つ以上の単語のカタマリで、全体で副詞の働きをするもの
さっきも言ったように
英語は説明したがりだからね
形容詞で説明しきれないものを副詞で説明するんだね
いつ？どこで？どんなふうに？
副詞
説明ならまかせて

9
品詞・文型

❼ 前置詞

at on in for
to of over
　　　　など

名詞や代名詞の前に置くことば
うしろの名詞や代名詞がどんな状態・状況なのかを表す

A cup is on the table.

❽ 接続詞

and そして　but しかし
that ～ということ
because なぜなら
　　　　　　　　など

単語と単語
語句と語句
文と文を
つなぐことば

文 ─ and ─ 文
つなぐ

❾ 冠詞

a (an) …いろいろある中の1つ
　　　　（特定のものでない）

the …話し手、聞き手が
　　　「アレ」とピンときて
　　　わかるもの

形容詞の一種で
名詞がどんな状態・状況なのかを表す
a (an) と the の2種類

つまり形容詞の一種

a も the も名詞の状態を表すよ

⑩ 間投詞

文中で独立して感情やあいさつなどを表す

- Hello こんにちは
- Yes はい
- Thanks ありがとう
- Bow-wow ワンワン

さて、ここまでが品詞の説明

なんとなくわかった？

はいっ あいまいだった形容詞と副詞の違いがようやくわかりました〜

形容詞は名詞を
副詞は名詞以外をくわしく説明することば

ではそれを踏まえて…

この4つの箱と1つの袋に「品詞」を振り分けていこうか

S　V　O　C　M

ん？
S・V…
これって
文型の？
そう
文型の構成要素
だよ
次はこれを1つずつ
説明するね
S
subject
主語
主に
・名詞
・代名詞
が主語になれる
話の主役になる
ことば
主役
V
verb
動詞
・動詞
人や物事の
動きや状況を表す
ことば
実は
この動詞
「自動詞」と
「他動詞」に
分かれてるんだ
自
他
分別!!

自動詞
「〜を」(目的語) が必要でない
(sleep・swim など)

他動詞
「〜を」(目的語) が必要

単語によって自動詞か他動詞か決まってるんですか？

むむむ

いや 同じ単語でも使われる意味によって変わる場合があるよ

例文は206ページにあるよ

文の内容を見れば判断がつくんだ

くだい

I bought a book.
　　　　　 目的語
私は本を買いました

・名詞
・代名詞

O object

目的語

動詞の動きの対象となることば
「〜を」の部分

イコール
・She is beautiful.
　主語　　補語
彼女は美しいです

イコール
・I found the book easy.
　　　　　　目的語　補語
その本が簡単だとわかりました

・形容詞
・名詞
・代名詞

C complement

補語

主語や目的語がどんな様子なのかを表し主語や目的語とイコールの意味になる

※助動詞は動詞とくっついてVになります

192

文型のSVOCの要素のどれにもならないもの

① 副詞
② 前置詞＋名詞（つまり副詞句）
③ 補語（C）以外の形容詞
④ 名詞的用法以外の不定詞

M Modifier
修飾語

②〜④の意味が全然わかりません…

❷はこのようなことで
in the park
前置詞＋名詞　公園で
いつ・どこで・どんなふうに
↓
副詞句にあたる

③・④はto不定詞や分詞が関係するから今はSVOC以外のものがMとシンプルに考えるのがいいよ

中1の範囲外だし

まとめると…

SVOC以外のもの

O 目的語 — 名詞／代名詞
S 主語 — 名詞／代名詞
M 修飾語
C 補語 — 形容詞／名詞／代名詞
V 動詞 — 動詞

さてっ
ようやくここから文型の説明だ!!
本題!!
フー
ちょっと休憩しますか
文型って5つあったのは覚えてる?
5文型とか言って
えっすぐやるの?
実は
英文のすべてが5文型にあてはまるわけではないんだ!!
より厳密にした7文型や8文型も提唱されているんだけど
5文型
でも一番シンプルで明快なのがこの5文型!!
だから学校教育でもこれを基準にしてるんだね
そうですね こちらとしてもできるだけシンプルなほうが助かりますです
これがその5文型だよ
第1文型 S＋V
第2文型 S＋V＋C
第3文型 S＋V＋O
第4文型 S＋V＋O1＋O2
第5文型 S＋V＋O＋C

第1文型 $\boxed{\text{S} + \text{V}}$
主語　動詞

SはVする

She slept in the new bed last night.
ーS　 ーV

彼女は昨夜新しいベッドで眠りました

She slept in the new bed last night.
　　　　　 ―――――――― ―――――
　　　　　　M（副詞句）　　M（副詞句）

あれ、こんな長い文もS＋Vなんですか？

よく見てごらん

ここはsleptを説明する修飾語（M）だよ

「新しいベッドで眠った」「昨夜眠った」

ちなみに第1文型の動詞（V）は必ず自動詞だよ

第1文型の動詞Vは自動詞

もし他動詞だったらVのうしろに目的語（O）や補語（C）が必要だからね

そっか…文の長さじゃないのね

第2文型 S + V + C
主語　動詞　補語

SはCだ
SはCになる

・<u>She</u> <u>is</u> <u>a singer.</u>　彼女は歌手です
　S　　V　　C

・<u>She</u> <u>became</u> <u>a singer.</u>　彼女は歌手になりました
　S　　V　　　C

補語って主語や目的語の様子を表す…
つまりイコールの存在ですものね

イコール
S = C
主語　補語

She イコール a singer
ってコトだね

第2文型で大切なのはこの関係

第2文型の動詞(V)はイコールの働きを持つbe動詞か…

am・is・are
などのbe動詞

become（〜になる）
look（〜のように見える）
keep（〜のままでいる）
sound（〜に聞こえる）
などイコール関係を示す動詞

イコール関係を示す動詞が使われるよ

第3文型　S + V + O
主語　動詞　目的語

SはOをVする

- Ken cleaned his room.　ケンは部屋を掃除しました
  S　　V　　　O

- He is looking at the picture.　彼は絵を見ています
  S　　V　　　　　O

第3文型の動詞(V)は、うしろに目的語(O)があるから必ず他動詞になる!!

ただし、自動詞であっても句動詞(熟語)のときは…句動詞ごと他動詞扱いになるけどね

は？

これはわかる！！

うん

例えば

look at (動+前)
〜をよく見る

put on (動+副)
身につける

なんてのがあるよ

句動詞(熟語)とは

動詞 + { 前置詞 / 副詞 }

で成り立っているもの

⇩

2語以上でも1つの動詞として扱う

えーと句動詞って…？？

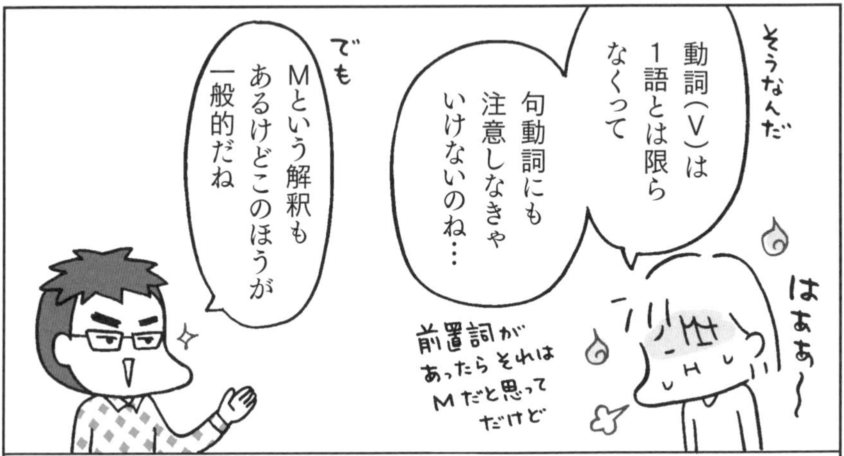

第4文型 $S + V + O_1 + O_2$

主語　動詞　目的語　目的語

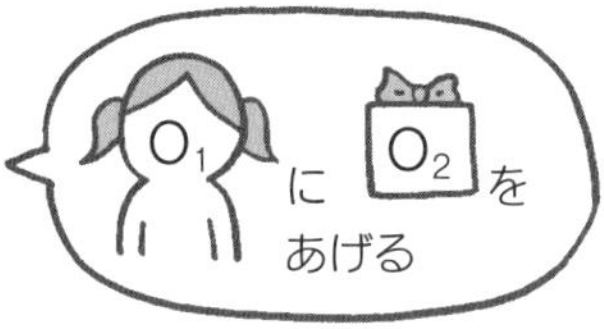

He gave her a present.

S　V　O_1　O_2

彼は彼女にプレゼントをあげました

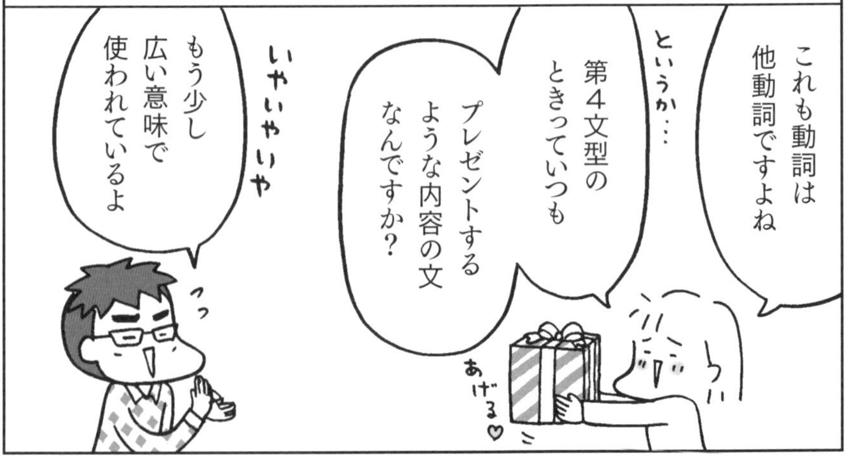

| S | cook | O₁ | O₂ |

S は O₁ に O₂ を作る

→ 料理をあげる

| S | showed | O₁ | O₂ |

S は O₁ に O₂ を見せる

→ 情報をあげる

例えばこんな感じ

形あるものだけでなく何かを「与える」意味があるんですね

He taught me English.
彼は私に英語を教えてくれました

⬇

知識を「与える」ニュアンス

第5文型 **S + V + O + C**
主語 動詞 目的語 補語

S は O が C だと V する

He found the book difficult.
S　　V　　　 O　　　 C

彼はその本が難しいとわかりました

品詞・文型

199

第5文型で大切なのはこの関係‼

イコール
O = C
目的語　補語

the book = difficult
イコール

第2文型では補語（C）は主語（S）とイコールだったので混乱しないようにね
くれぐれも

補語は主語もしくは目的語の様子を表しイコールとなる存在ですものね…

そう‼いい感じだね

再びこそっメモ

どう？5文型わかったかな？

うーん

…先生

この5文型って「疑問文」や「感嘆文」「命令文」のときにもあてはまるんですか？

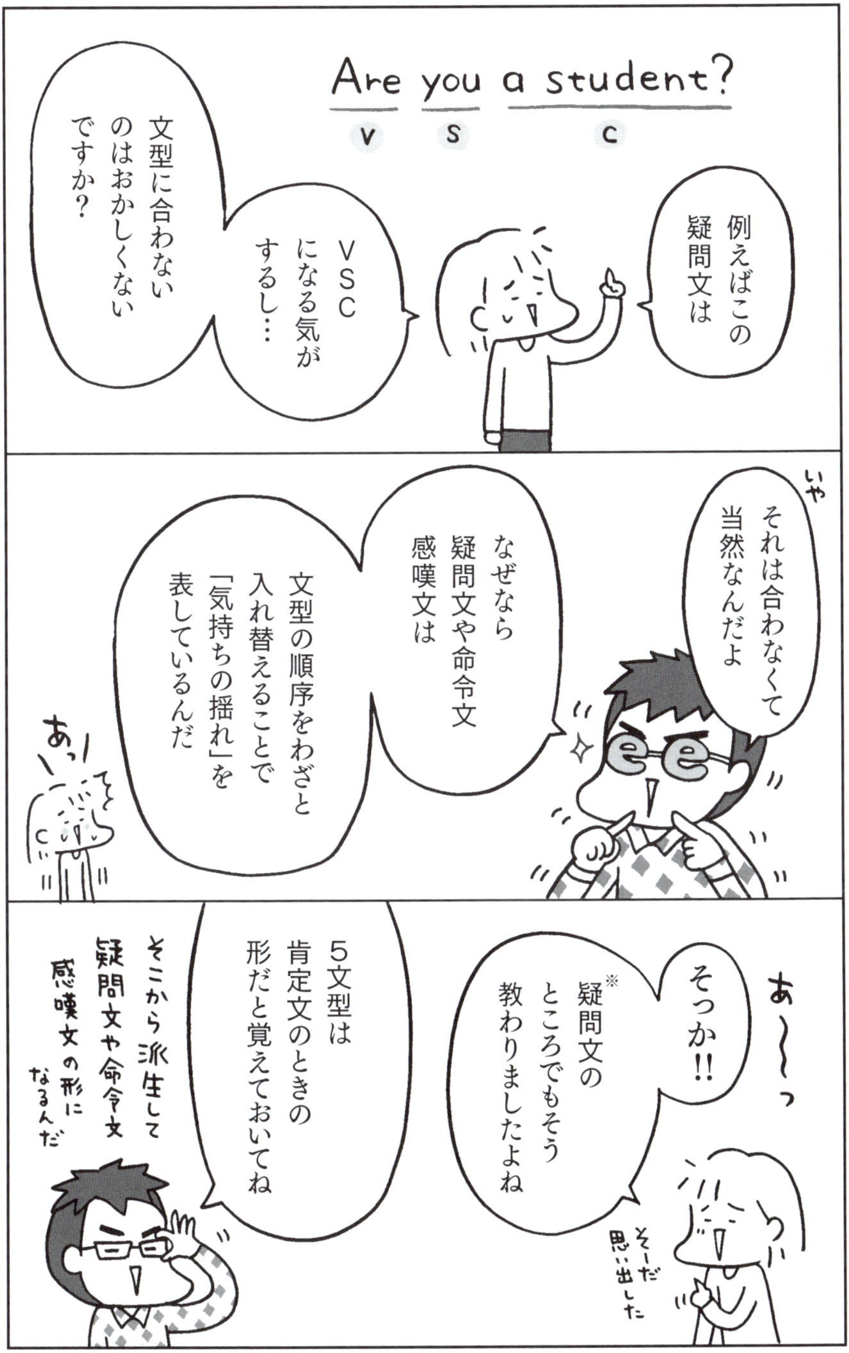

※くわしくは47ページに

その上で
文の中の構成要素が見つけられれば
I
a new hat
my daughter
あっ 目的語発見
文の意味もカタマリでとらえやすくなるし
この文 第4文型かな? じゃあこっちがO_1 こっちがO_2
my daughter
a new hat
英文を作るときのテンプレートにもなる
私はムスメに新しい帽子を買った
(S) 主語 I
(V) 動詞 bought
(O) 目的語 my daughter
(O) 目的語 a new hat.
なるほど
やっと文型を学ぶメリットがわかった気がします!!
じゃあ
最初に登場した英文をもう一度見てみようか

やっぱ うっっって あれ？

今まで単なる単語の羅列にしか見えなかったけど…

なんとなく

Dorothy lived in the midst of the great Kansas prairies, with Uncle Henry, who was a farmer, and Aunt Em, who was the farmer's wife. Their house was small, for the lumber to build it had to be carried by wagon many miles. There were four walls, a floor and a roof, which made one room; and this room contained a rusty looking cookstove, a cupboard for the dishes, a table, three or four chairs, and the beds.

Dorothy / lived / in the midst of the great Kansas prairies, / with Uncle Henry, / who / was / a farmer, and Aunt Em, / who / was / the farmer's wife. Their house / was / small, / for the lumber to build it / had to be carried / by wagon many miles. / There / were / four walls, a floor and a roof, which / made / one room; and this room / contained / a rusty looking cookstove, / a cupboard for the dishes, / a table, / three or four chairs, / and the beds.

主語・動詞…と役割がカタマリとして見えてきた気がします

単語の意味がわかんないしちゃんと読めはしないけど…

おおっ いいね!! その調子だよ!!

英語の土台がかたまってきた証拠だね

えへへっ

なんか…ようやくスタートラインに立てたような気がします

9 品詞・文型

品詞・文型のまとめ

品詞とは

単語を機能別に分けたもののこと。

①名詞……人やものの名前
apple, cat, Ken, Japan, Tokyo Skytree(東京スカイツリー) など

②代名詞……名詞の代わりに使うことば。前に出てきた名詞を受け、その代わりとして使う
I, you, he, she(彼女), this, it, them(彼ら、それら), mine(私のもの) など

③動詞……人や物事の動きや状態を表すことば
make, sleep, speak(話す), think(思う), be (am, is, are) など

④助動詞……(1) 話し手の気持ちや判断を表すことば (2) 文の体裁を整えることば
　(1) can, will, may, must, shall, should, would など
　(2) be, do, have

⑤形容詞……名詞の状況・様子を説明することば
red, beautiful, happy, old, important, long(長い), famous(有名な) など

⑥副詞……名詞以外の状況・様子を説明することば
slowly, happily, now(今), here(ここに), upstairs(2階へ), yesterday(昨日) など

⑦前置詞……名詞や代名詞の前に置いて、話し手のイメージを聞き手にくわしく伝えることば
at, on, in, for, to, of, over, into, with など

⑧接続詞……単語と単語、語句と語句、文と文をつなぐことば
and, but, or（または）, that, because, since（〜以来）など

⑨冠詞……名詞にくっついて、その名詞の状態・状況を表すことば。形容詞的な働きをする
a, an, the

⑩間投詞……感情やあいさつなどのことばで、文中で独立して使う
hello, thanks, yes, bow-wow, hi（やあ）, oh（ああ）など

文型とは

英文を作る・読み解くときの設計図。以下の要素から作られる。

- **S(主語)**……「何の話をしているのか」、つまり、話の主役になる部分。主に名詞・代名詞がこの役割を果たす

- **V(動詞)**……主語の動きや状態を表す部分。動詞（自動詞・他動詞）が使われる
  ☑自動詞……「〜を」（目的語）が必要でない動詞
  　他動詞……「〜を」（目的語）がないと意味が伝わらない動詞

- **O(目的語)**……文の中で「〜を」になる部分（例えば「私は本を買った」という文なら「本を」の部分）。名詞・代名詞が使われる

- **C(補語)**……主語や目的語の様子を表す部分で、文型によってS＝Cになったり O＝Cとなったりする。形容詞・名詞・代名詞が使われる

- **M(修飾語)**……S・V・O・Cのどれにもあてはまらない部分

自動詞と他動詞の文

[自動詞]　I walk in the park every morning.
　　　　　S V　　　　M
　　　　　私は毎朝公園を散歩します。

[他動詞]　I walk my dog in the park every morning.
　　　　　S V　 O　　　　M
　　　　　私は毎朝公園で犬を散歩させています。

[自動詞]　I grew up in a suburb of Tokyo.
　　　　　S V　　　　M
　　　　　私は東京の郊外で育ちました。

[他動詞]　Eri grows basil on the balcony.
　　　　　S　 V　　O　　　M
　　　　　エリはベランダでバジルを育てています。

206

第 1 文 型 の 文　　S＋V

S＋V「SはVします」
My grandmother gets up early every day.　私の祖母は毎朝早く起きます。
　　　S　　　　　V　　　M　　　M
The sun rises in the east.　太陽は東から昇ります。
　　S　　V　　　M

☑ SとVだけで構成される英文はあまりなく、実際にはさまざまなM（修飾語）がくっついて1つの文となることが多いです。

第 2 文 型 の 文　　S＋V＋C

S＋V＋C「SはCです」「SはCになります」
That man is my father.　あの男性は私の父です。
　　S　　V　　C
She looks very young.　彼女はとても若く見えます。
　S　　V　　C

☑ 第2文型は、S＝Cになります。上の例文でいうと That man ＝ my father、She ＝ very young です。

> 第2文型では、イコールの働きを持つbe動詞やイコール関係を示す動詞がよく使われるよ

am, is, are	（be動詞）
become	〜になる
look	〜のように見える
keep	〜のままでいる
sound	〜に聞こえる

第3文型の文　S＋V＋O

S＋V＋O「SはOをVします」
<u>Kenta</u> <u>makes</u> <u>his lunch</u> <u>by himself</u>.　ケンタは昼食を自分で作ります。
　S　　　V　　　O　　　　M

<u>She</u> <u>is looking for</u> <u>her glasses</u>.　彼女は自分のメガネを探しています。
　S　　　V　　　　　O

☑第3文型の動詞は、うしろに目的語（「～を」の部分）がくるので、必ず他動詞になります。自動詞であっても熟語になる場合は、ひとまとまりで他動詞扱いと考えます。

第4文型の文　S＋V＋O₁＋O₂

S＋V＋O₁＋O₂「SはO₁にO₂をVします」
<u>I</u> <u>sent</u> <u>her</u> <u>an e-mail</u> <u>yesterday</u>.　私は彼女に昨日メールを送りました。
S　V　O₁　　O₂　　　　M

<u>Yuka</u> <u>showed</u> <u>Mai</u> <u>her son's photo</u>.　ユカはマイに息子の写真を見せました。
　S　　　V　　O₁　　　O₂

<u>My mother</u> <u>bought</u> <u>me</u> <u>the book</u>.　母は私にその本を買ってくれました。
　　S　　　　V　　O₁　　O₂

> 第4文型でよく使われる動詞は、だれかに何かを「与える」意味になるものが多いよ

give	与える	lend	貸す
sell	売る	send	送る
bring	持ってくる	show	見せる
teach	教える	tell	伝える
write	書く	buy	買う
cook	料理する	get	手に入れる
leave	残す	make	作る
find	見つける	ask	尋ねる

第4文型は、第3文型の形に書き換えることもできる。

I sent an e-mail to her yesterday.
S V　　O　　　　M　　　M

Yuka showed her son's photo to Mai.
　S　　　V　　　　O　　　　M

My mother bought the book for me.
　　S　　　　V　　　　O　　M

☑ 受け取った相手に物理的な利益がある動詞がくる場合は前置詞に for、そうでない場合は to を使います。for を使う動詞は bring, buy, cook, get など。ask の場合は of を使います。

> 第3文型と第4文型は同じ意味とされているけど、実際にはハッキリした違いがあるよ
>
> 例えば「私は彼女に昨日メールを送りました」という文なら、重要な情報は
> 第3文型を使えば「to her」に、
> 第4文型を使えば「an e-mail」になるんだ

第5文型の文　S+V+O+C

S+V+O+C「SはOがCだとVします」

<u>Linda and Robin named their baby George.</u>
　　　S　　　　　V　　　 O　　　 C

リンダとロビンは彼らの赤ちゃんにジョージと名づけました。

<u>She always makes me happy.</u>　彼女はいつも私を幸せな気分にしてくれます。
　S　　M　　V　　O　　C

<u>I painted the door white.</u>　私はそのドアを白く塗りました。
S　V　　　O　　　C

☑ 第5文型は、O＝Cになります。上の例文でいうと their baby ＝ George、me ＝ happy、the door ＝ white です。

call	OをCと呼ぶ
make	OをCにする
name	OをCと名づける
find	OがCだとわかる
keep	OをCの状態にしておく
think	OをCだと考える
consider	OをCだと考える
elect	OをCに選ぶ

第5文型でよく使われる動詞には左のようなものがあるよ

MOTO'S ROOM

モチベーションの上がる英語名言

人の心のひだに触れる表現はいつまでも胸のうちに残ります。自分の定番フレーズを持っておくと、相手の心をぐっとつかむことができます。そこでここでは、学習に関して含蓄のあるものをいくつかご紹介しましょう。

- It's never too late to learn.
  (学ぶのに遅すぎるということはない)
- Saying is one thing and doing is another.
  (口で言うのと実際にやるのは別)
- The more we do, the more we can do.
  (もっとやれば、もっとできる)
- Never put off till tomorrow what you can do today.
  (やるべきことはすぐにとりかかれ)
- A man who knows two languages is worth two men.
  (2つの言語を知っている人は、2人分の価値に等しい)
- Learning is a treasure that will follow its owner everywhere.
  (学習とはその持ち主がどこへ行こうとついてくる宝物です)

最後に、著者がいつもセミナーで言う大好きな言葉を1つ。

　　The time you spent,(あなたがかけた時間)
　　　　the sweat you worked up,(あなたが流した汗)
　　　　　　and the tears you shed(そしてあなたが流した涙は)
　　　　　　　will never ever lie.(決して裏切らないでしょう)
　　They'll surely pay off in the long run.
　　(最後にはそれらは実を結ぶからです)

エピローグ

[epilogue]

20年前

あれ？
canのあとって

なんで動詞にSがつかないんだろ

主語が3人称単数でも…

英語ができる子に聞いてみよっと

クラスで一番英語ができるTちゃん

ねえねえ
なんでcanのあとの動詞って原形なの？
主語がHeなのにSがつかないの変じゃない？

ん～？
…
こういうのってね～
塾の先生も言ってたけど

「そういうもの」として覚えるんだよ

でないと前に進まないから

え
「そういうもの」として…
そう
なの
うん
そっか…
みんなそうやって覚えてるのか
でも理屈がわからないのに覚えるのって難しくない？
私だけ？
English
あーあなんか英語ってわけわからなくて
つまらないな…
フクチさん？
フクチさん
ハッ
どうしました？
寝てた？
あっ
いえ…
canのあとってどうして動詞の原形なのかなって
思って…
主語が3単現なら動詞にSがつきそうなのに
…

びしっ
いい質問だね!!
えっ
canの文は主語の人物ができると判断しているのは話し手である私だから…
ペラペラ
…
そうか…
メモ
メモ
私が今までつまずいていたものには
わっまたっ
ガッ
canのうしろの動詞は原形
ちゃんと1つ1つ「理屈」があって…
ごろん
<理屈>話し手(I)の判断であるから主語が何であっても3単現のsはつかない
あっー

そこには必ずと言っていいほど日本語とは違う「英語感覚」があった

へぇ

これって日本語とはちょっと違う感覚だよなぁ

英語と出合ってから25年たつけれど

Age 35　Age 10

ずっと抱えていた「なぜ?」に答えてくれる先生に出会って初めて

この感覚は日本語にはないんだよね

はっ

そっか

つまずいてた部分は英語の面白い部分だったんだ!!

むしろ

そう気づきました

さて
英語はとにかく出合った回数だからね
ひと通り学んだあとは薄い問題集を3回繰り返すといいよ!!
知識が定着するから!!
ぶ厚い問題集は挫折のモト
ハイッ
了解ですっっ
がんばりますっっ
中1のうす〜い問題集
カリカリ
あーでも
中1の範囲だけでなく中2中3の範囲も勉強したら
英語の感覚がもっとわかるようになって面白いだろうな
不定詞
ペラ。。
…
ああっ
もっともっと知りたい!!
先生〜また教えてください〜
To be continued…?

あとがき

本書は
「そこを素通りせずに、もうちょっとくわしく教えてほしかった」
「そこでつまずいたばっかりにわからなくなってしまった」
という基本ポイントを取り上げ、マンガを使って解説した本です。
理解しやすく、かつためになる本を目指して、難しい文法用語や学説は極力使わず解説に工夫を凝らしました。また、英語を母語として使っている人の感覚や意識をできるだけ反映するように努めました。「そうなんだ!」「そうだったんだ!」を味わっていただけるのではないかと思います。

共著者のフクチマミさん、KADOKAWAの城戸さんとの月1回の打ち合わせでは密度の濃い議論が展開でき、私自身、英語学習者の素朴な視点をいろいろ学ぶ機会に恵まれました。また同僚の大学教員Myskow先生(カナダ)、Underwood先生(イギリス)、Black先生(アメリカ)には、筆者の度重なる頭の痛い質問にていねいに、根気よくおつきあいいただきました。関係者の皆さまに、この場を借りてお礼を申し上げます。

本書によって少しでも読者の皆さんの英語に対する苦手意識が解消され、学習再開のきっかけになってくれればうれしく思います。

2015年8月 高橋基治

あとがき

「無理です！　英語の本なんて……絶対、ぜーーったい無理です!!」

英語の学び直し本を作りませんか？と言われたとき、私は即座にそう答えました。

本書の冒頭にも描いたように、当初、私の英語苦手意識は筋金入りでした。もう一生英語を学ぶことはないだろうと思っていたので、「学び直し」と聞いて正直……暗澹たる気持ちでした。

でも「苦手だからこそいいんです」と説得された1年と数カ月後、こうして1冊の本がここにあるのですから、つくづく「絶対」なんてないのだなぁ……と感じます。

英語に関して、私が唯一わかっていたのは「わけがわからない」ということだけ。その「わけ」を1つ1つ、ていねいに説明してくださったのが高橋基治先生でした。しかも「その質問、面白いね！」と少年のように目を輝かせながら。そのおかげで私は、今まで聞けなかったようなことも、堂々と質問できたのです。

先生の説明を聞く中で浮かび上がってきたのは、私の「わからない」の根幹はこれだったのか、と気づくのと同時に、英語を学ぶこととは、英語を話す人たちの感覚を学ぶことだったのか……!!と、衝撃を受けま

220

「ああ……最初からこんなふうに教わりたかった〜！」

英語と出合ってから25年。時間はかかったけれども、この感覚の違いに気づけたことは大きな1歩です。

あれだけ英語に拒絶反応を示していた私が「英語って面白い！」なんて言える日が来るなんて、夢にも思っていませんでした。高橋先生、どうもありがとうございました。

そしてKADOKAWAの城戸千奈津さん。抜群のバランス感覚と編集力でこの本の屋台骨となり、芯の強い人柄で、制作中の私を支えてくださいました。城戸さんとだからこそ、この本が作れたのだと思っています。そしてあのとき声をかけていただかなかったら、私は今も英語アレルギーのままでした。本当にありがとうございます。

最後に、この本を手に取ってくださった皆さまに、心からの感謝を申し上げます。私と同じように英語につまずいてしまった方々が、この本をきっかけに「また学び直してみようかな」と思ってくださったなら、それが何よりもうれしいです。

2015年8月　フクチマミ

参考文献

阿部一（1998）『ダイナミック英文法』研究社.
安藤貞雄（2005）『現代英文法講義』開拓社.
アンドレア・タイラー/ビビアン・エバンズ（2005）『英語前置詞の意味論』研究社.
石田秀雄（2002）『わかりやすい英語冠詞講義』大修館書店.
大西泰斗/ポール・マクベイ（2011）『一億人の英文法』ナガセ.
笠島準一ほか（2012）『NEW HORIZON English Course 1』東京書籍.
笠島準一ほか（2012）『NEW HORIZON English Course 2』東京書籍.
柏野健次（2010）『英語語法レファレンス』三省堂.
金谷憲編著（2012）『くわしい英語中学1年』文英堂.
くもん出版（1996）『スーパーステップ くもんの中学英文法』くもん出版.
澤田治美・高見健一編（2010）『ことばの意味と使用―日英語のダイナミズム』鳳書房.
ジェニファー・コーツ（1992）『英語法助動詞の意味論』澤田治美訳，研究社.
関正生（2012）『世界一わかりやすい中学英語の授業』KADOKAWA.
高久智弘（2014）『改訂版 塾よりわかる中学英語』KADOKAWA.
高橋貞雄ほか（2012）『NEW CROWN① ― ENGLISH SERIES』三省堂.
高橋貞雄ほか（2012）『NEW CROWN② ― ENGLISH SERIES』三省堂.
新里眞男ほか（2012）『SUNSHINE ENGLISH COURSE 1』松畑熙一・佐野正之監修，開隆堂出版.
安武知子（2009）『コミュニケーションの英語学』開拓社.
綿貫陽/マーク・ピーターセン（2006）『表現のための実践ロイヤル英文法』旺文社.
Leech, G. and Svartvik, J. (1994) *A Communicative Grammar of English 2nd ed*. London: Longman.
Quirk *et al*. (1985) *A Comprehensive Grammar of the English Language*. London: Longman.

〔著者紹介〕

フクチマミ

　マンガイラストレーター。1980年神奈川県生まれ。

　雑誌や書籍、webでルポ・解説マンガを中心に活躍中。「わかりにくいことを、わかりやすく」説明する手法に定評がある。

　10歳で英会話教室に通い始めるも、いまひとつ楽しめず、英語への苦手意識が芽生える。

　その後、中学の授業で次々と疑問にぶつかり、ひとつも解消できないことで、さらに苦手意識を強める。テキスト丸暗記で定期テストを乗り切るだけの不毛な学習法を繰り返し、立派な「英語アレルギー」へと成長。今回、意を決して英語やり直しにチャレンジ。

　著書に、妊娠・出産・育児の情報を独自の視点でマンガにした『マンガで読む 妊娠・出産の予習BOOK』（大和書房）、『マンガで読む 育児のお悩み解決BOOK』（主婦の友社）などがある。

高橋　基治（たかはし　もとはる）

　東洋英和女学院大学教授。専門は英語教育と第二言語習得。

　下は児童から上はシニア層まで、また、苦手意識が強い英語ギライからTOEICで高得点をめざす上級者まで、豊富な指導経験がある。現在、学校教育現場におけるリメディアル教育（やり直し）のニーズ増大を受け、いかにして中学・高校で学んだ英文法知識の定着を図るか、またそれらを実際の運用につなげていくかに関心を持って研究を行っている。セミナーや講演、執筆などでも幅広く活動しており、熱い指導が人気を集めている。

　主な著書に『これ、英語でなんて言う？』（KADOKAWA）、『よくわかる総合英語』（学習研究社、共著）、『言いまくり！　英語スピーキング入門』（コスモピア、共著）など多数。

マンガでおさらい中学英語 （検印省略）

2015年9月16日　第1刷発行
2024年8月30日　第31刷発行

著　者　　フクチマミ
　　　　　高橋　基治（たかはし　もとはる）
発行者　　山下　直久

発　行　　株式会社KADOKAWA
　　　　　〒102-8177　東京都千代田区富士見2-13-3
　　　　　電話 0570-002-301（ナビダイヤル）

●お問い合わせ
https://www.kadokawa.co.jp/（「お問い合わせ」へお進みください）
※内容によっては、お答えできない場合があります。
※サポートは日本国内のみとさせていただきます。
※Japanese text only

定価はカバーに表示してあります。

DTP／キャップス　印刷・製本／TOPPANクロレ

©2015 Mami Fukuchi & Motoharu Takahashi, Printed in Japan.
ISBN978-4-04-601230-2　C2082

本書の無断複製（コピー、スキャン、デジタル化等）並びに無断複製物の譲渡及び配信は、
著作権法上での例外を除き禁じられています。また、本書を代行業者などの第三者に依頼して
複製する行為は、たとえ個人や家庭内での利用であっても一切認められておりません。